第五封信・The Fifth Letter

消失的，不只是私人記憶

多年前，住家附近有間生意很好的小吃店，有次偶然看見門口貼上一紙：「老闆年紀已大，即將退休，如有人願意接手店面，願意傳承所有廚藝。」的手寫告示；約莫一個月後，告示改為高掛招牌的電腦旗幟，擔心無後的焦急深深震撼了我。

也在同條街上，出入必經的轉角處，有間老舊乾洗店，空曠店內經常是老先生和電視相伴，日日經過，總擔心有天鐵門不再拉開。果然到了那天，鐵門閉鎖好幾個月，再開門已是一間嶄新白淨的寵物美容店……雖知人事難料，仍有說不上的悵然感。

雖然自身並無繼承的煩惱或選擇，但生活居住的社區裡，正以五年、三年或更短的時間，因凋零轉折的人生故事，而改變街廓樣貌，這讓我感受到家業傳承不僅是私人家務，也間接影響了公共氛圍和生活機能。

猜猜，那間小吃店後來找到人繼承了嗎？答案是上揚的嘴角。一家店、一個人消失，都會在周邊人心中留下些什麼的，畢竟「私人的記憶也是公共的記憶」。

主編　董淨瑋

冬季溪釣

in 台北士林

離家不遠的另一座山裡，有條古圳步道，我們時常在夏季時來走，目的地是步道中段的溪谷，小孩可以在這裡戲水，也有一段能溯溪而上。

這次選在冬天來，則是為了帶小孩來體驗冬季溪釣。他們聽說冬天釣魚比起夏天更為容易，一直躍躍欲試，於是週末一看到天氣放晴，爸爸就趕緊準備好釣魚器具和野炊道具，領著小孩上山。

不料，快到達溪谷時，兒子腳滑整個人掉進水裡，幾乎全身濕透，只好脫光衣物穿上爸爸的外套，看起來很像是撿到什麼山裡的小動物（苦笑）……抵達釣魚地後，煮了野溪火鍋暖暖身子，而後開始正式釣魚。果真才一下竿，魚兒馬上就上鉤！小孩分別釣到四隻和兩隻，最末請他們跟魚兒說聲謝謝、就將牠們放回溪裡，我們也趁著天色未暗前下山了。

盛琳
bibieveryday 主理人，在與小男孩和小女孩的日日生活中持續修煉著。

Evan lin
攝影師、策展人、兩個孩子的爸爸，穿梭在工作與生活中的多重身分。

時刻
MOMENT

觀看 的 SIG

再見，藍皮普快列車

in 台東太麻里

前不久，我到台東太麻里鄉多良村的瀧溪接案，拍攝結束後來到瀧溪火車站等車回家。這個車站小到只要錯過眼前這班車，下一班車就要再等好幾個小時。

在完全不知情的情況下，進站的竟然是我自高中畢業後，就很少再見到的藍皮普快列車！我瞪大眼睛驚喜不已，興奮得像車上那些特地來坐這班火車的孩子們一樣跑來跑去，東摸西看生鏽的門把、深綠

色的皮革座椅，也還記得打開窗戶時得先把開關往下壓，再用點力往上推的秘訣。

火車開進隧道後，整個車廂塞滿了柴油味和引擎聲，得拉開喉嚨大聲說話，才不會被轟隆隆的聲響淹沒。車頂上的昏黃燈管，和轉啊轉的風扇變得更明顯了，拉環上有著歲月痕跡，我好像跳上了時光機，回到穿著高中制服的那些日子——在車上七嘴八舌和姐妹八卦聊天。

場景 SCENES

突然火車衝出了隧道，眼前迎來無敵的太平洋海景，忍不住把頭探出窗外，感覺風、感覺藍、感覺海水的鹹味和濃濃的柴油味。

哦~能夠再見藍皮普快列車真好。2020年12月23日南迴鐵路電氣化，藍皮普快列車終究成了記憶裡的珍貴回憶。

林靜怡
宜蘭頭城人，現居花蓮壽豐，住在被山林擁抱和溪流洗滌的地方，與四隻狗二隻貓一起生活，創立「大樹影像」是希望能為被攝者留下些什麼，並讓世界溫暖一點。

-4度C的369山莊

in 台中和平

時間倒轉回2019年年末，我們一行人浩浩蕩蕩的從恆春出發，目標是海拔3886公尺的台灣次高山——雪山主峰，沉重的背包裡是緊張帶來的重量，因為我們在上山前，碰上預料之外的突發狀況——雪山真的下雪了。

有過上武嶺賞雪經驗的人多少能了解，台灣的初雪多半挾帶大量水氣，天空飄落的是冰晶和雨水的綜合體，陰冷濕滑的氣候環境，

建築 BUILDIND

對於重裝上山的我們來說，必然是一種增加風險的考量因素。我們備妥12齒冰爪，及始終抱持隨時折返的心態，一步一步向雪山主峰邁進，總而言之，先安全抵達海拔3150公尺的369山莊，與其他山友與高山協作尋求攀登建議。

我的肌膚仍清楚記得，那天入夜後山莊溫度約莫落在-4度C，在如此低溫的環境裡，陌生的人們相聚在一個鐵皮通鋪裡。有些人早已躺平、用打呼聲哼唱歌曲，也有人忙著清點明早攻頂需使用的裝備，

在這可以看見許多互不相識，卻有著同樣方向與擔憂的人們，不約而同的四處打聽及討論沿途的積雪狀況、氣候變化、風險評估等等。

那般情境，就好似各路英雄們相約圓桌，正為明天一早的戰事謀求最好的策略，外頭冷冽的風敲打門窗，而３６９山莊就是我們安全且溫暖的要塞城堡。

台灣是全世界高山密度最高的島嶼之一，海拔在３０００公尺以上的高山就有２６８座，去年因疫情影響無法出國旅遊，開始有越來越多的人們嘗試往山林百岳走，因此假日各處的服務型山屋山莊，搶破頭仍一位難求。

當我正想起那個雪夜的同時，從雪霸國家公園管理處的資訊更新得知，３６９山莊已列入拆除、重建升級的名單中，正在進行第三次招標。這個已經40歲的山莊，可能在不久的將來，也會轉型如天池山莊那般的五星級山屋，讓未來上山的人們擁有更舒適的休息環境。

就要告別這棟綠色鐵皮老屋了，因為可能來不及再上山看它最後一眼……在過去的漫漫年頭裡，它照顧了無數像我們一樣短暫邂逅的旅人，雖然已被時間侵蝕的傷痕累累，但總能讓我們在冰凍的空氣裡仍有取暖之處。

未來的日子裡３６９山莊並沒有消失，只不過以截然不同的方式再度出現，我很期待山莊未來的重生，也想藉此向舊時代的山屋致敬，向維護山屋的山青協作及廣大的山友們致敬。

建築
BUILDIND

邱家驊

躲在恆春十餘年的影像人，拿著釣竿就住海邊，不時也爬進山裡砍柴玩石頭。攝影是工作更是生活，快門之前是積累的日常感受，快門之後將消化成未知的養分，回饋給自己。

在屬於自己的角落，好好安頓

in 雲林虎尾

「這裡很熱。」她繞道而行，「剛開始我還會在這裡工作，但夏天真的太熱了。」那是一個刻意開了天窗讓陽光灑落的大桌子，就位於吧檯旁邊，是她設計給自己的角落。

明君，熟識的朋友又喚她M君，像是小說裡沉默的角色名字。我們位在她和先生開的「島的日常」，這是一間有展覽空間的咖啡廳，店靜靜開在雲林虎尾這座觀光客較少到訪的小鎮裡，那條住宅區內僅容一台車可通過的狹小巷弄，如她的名字，低調而隱匿。

沖完咖啡，她鏟了一塊自己開發的巴斯克給我，嗯，鹹蛋黃口味，「就突然想到可以試試看。」出身室內設計的她不只包辦空間，

人

PERSON

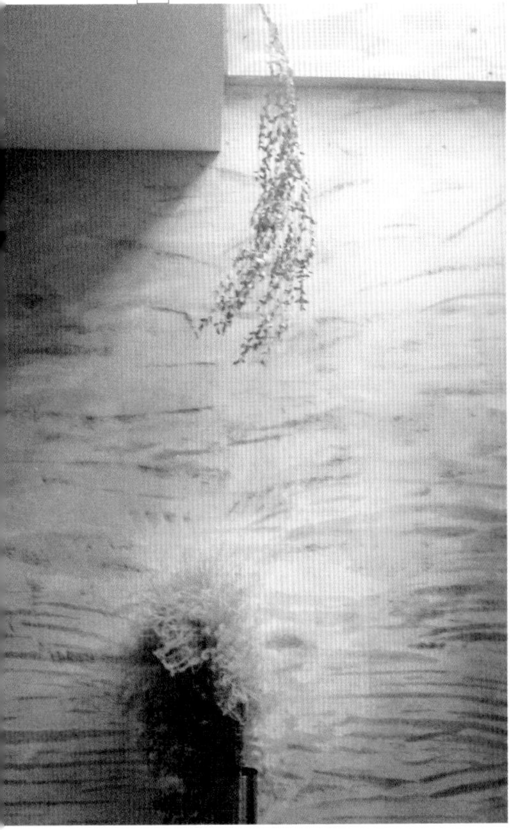

也用一個個甜品設計出讓來者舒心的滋味。口味讓人驚艷不已的蛋糕甜品，都是明君福至心靈的神來一手，「我自己都覺得不可思議」，一年多前，她第一次接觸烘焙。

身為朋友，我們驚喜卻又不意外。因為她總對世界好奇不已。

明君在台北永和長大，10歲才跟著家人回到雲林虎尾，直到高中畢業再度離家。大二時從會計系轉到室內設計系，那是她第一次聽從自己內在的聲音，卻不是最後一次。畢業後她投入室內設計公司，又禁不住內心想一探燈光設計的聲音而轉職。她的靈魂依舊不安，試圖從各種角度探索設計也突破框架，幾年後便來到英國就讀Design Futures研究所。

觀看 的 SIG

但她也落地。英國回國後，在雲林鐵支路旁的社區老咖啡館工作，客人多是在地市井小民，她煮虹吸式咖啡，也是客人談心對象。她曾協助舉辦小農市集，那是因為木工兼自種農的父親曾經賤賣蔥的記憶而生的使命感，市集不只賣東西，也將農村現場如剝花生、剝蒜頭等體驗帶進市集。「我想把農村帶進去，因為產地就在這裡。」她更進駐老屋開設小農餐桌，用在地農產品做成料理販售。

後來去了一趟高雄，在有了小孩之後決定再次回到雲林，在她長大的兩層透天厝裡，親手打造自己的夢想之地。一樓是「島的日常」、二樓則是一家三口的住屋，工作與生活，就在這狹小屋宅、樓上樓下之間轉換著。她想做的事還很多，不只甜點。想辦更多關注在地產業文化的藝術展覽，也想辦理實驗廚房，帶著居民共同創作料理，開發食慾也探究食育。

對許多人來說，家鄉是溫柔的，但我卻認為它對明君稍稍地嚴厲了些——雲林包容接納她，卻又不時拋出難題，經營這樣一個空間並不容易，有時，現實也逼她去面對、去探索。我們最後還是在天井下的大桌坐了下來，她啜了一口咖啡，閉上眼睛，深深地吐氣，傍晚天窗灑下的陽光已經不那麼強烈，她終能在這個屬於自己的角落，好好安頓自己。

邱承漢

高雄人，喜歡拍照也喜歡寫字，更喜歡真誠的人，育有一狗兩貓。2011年將外婆起家厝改建為叁捌地方生活，用幽默感及設計參與社區，過著返鄉但持續流浪的生活。

目
Contents
次

繼承家業

Feature 特輯

新興旅社

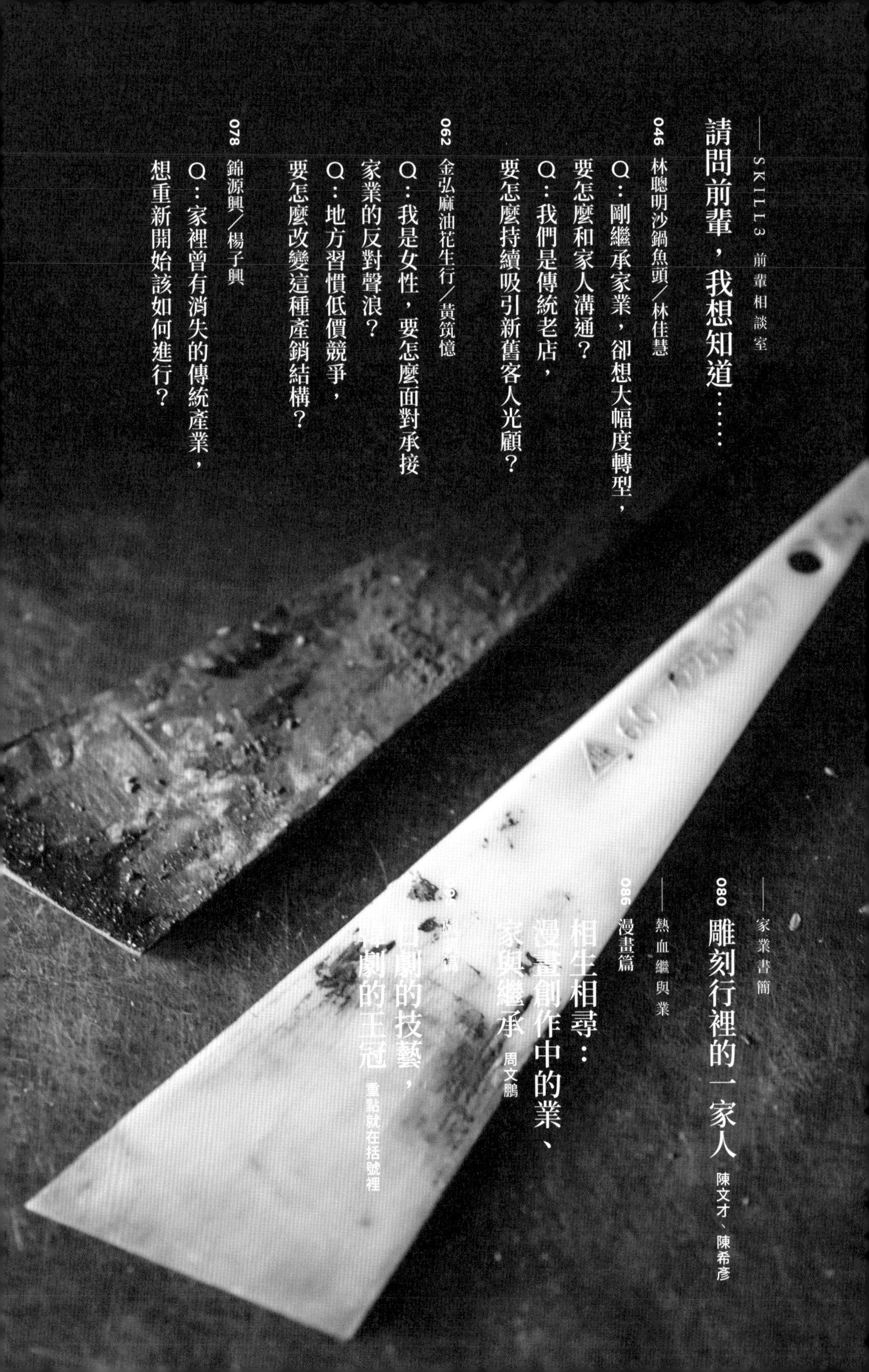

繼承家業
FUTURE

新時代的
返鄉傳承路

「這是我以前長大的家嗎？
怎麼變這樣？」
「咦？原來我們家有這樣的
地方和文化啊！」
「那我好像可以做些什麼事？」

這些自述，幾乎是返鄉繼承家業的下一代，都曾經歷過的心路三部曲。隨著返鄉時間拉長的再探索，就像是第二次認識家業和成長地，已經茁壯的自己眼看著家業逐漸凋零，往往會激發出新的火花，試圖以自身專長結合舊有基礎，帶來一些改變。

有感情、有策略、有協調，新生代和傳統輩，才有可能一起走到返鄉傳承路上的新節點。

Q1

邀約長輩一起吃飯，挑選餐廳的標準是什麼？

1. 自己吃過覺得美味，想帶長輩去吃（接 Q2）
2. 直接找一家他們以前吃過也喜歡的（接 Q4）
3. 先詢問長輩口味，再尋找同類型推薦餐廳（接 Q3）

OUR CHARACTER

心測時間

到底要不要回家繼承家業呢？面對難解的繼業題，人人都有自身的家庭背景要面對，相同的是，總有無數個猶疑和掙扎時刻，藏在心底有苦難言。

繼承家業，需要與家人長輩長時間共事，溝通

Q2

從小到大，曾經做過最叛逆的事？

1. 偷改成績單（接 Q6）
2. 離家出走（接 Q5）

Q3

在家裡看見不順眼的共用物品時，會怎麼處理？

1. 問一下家人物品由來，再決定處理方式（接 Q6）
2. 直接送進垃圾桶，另買一個自己喜歡的替代（接 Q7）

Q4

選填志願時，最後的排序是誰的意見？

1. 全部按照自己的想法（接 Q5）
2. 大部分按照家人建議（接 Q7）

Q5

和別人想法不同時，通常會怎麼做？

1. 停下來，想想對方的看法（接 Q8）
2. 想盡辦法說服他人認同自己想法（接 Q10）

文字－編輯部　插畫－69

WHAT'S INHERITED

繼業性格

術、心理戰、相處模式缺一不可，其中，人格特質是決定成敗的關鍵一環。不如放鬆一下，跟著情境測驗題看看自己屬於哪種「繼業性格」，趣味過後也許能有新想法！

Q6 做重大決定時，習慣的做法？

1. 一定要諮詢身邊人的意見（接 Q8）
2. 自己想清楚就決定（接 Q9）

Q7 比較想過哪一種人生處境？

1. 企業中的高階主管（接 Q9）
2. 行動餐車的老闆（接 Q10）

Q8 朋友邀約沒做過的事，第一反應是？

1. 可以來試試看（A 性格）
2. 不好吧（D 性格）

Q9 想做的事不被支持時，通常會？

1. 自己埋頭苦做（B 性格）
2. 繼續尋求到有外援才進行（C 性格）

Q10 獲得一台骨董二手車，會怎麼做？

1. 大幅度改造內外裝（A 性格）
2. 視車體狀況和喜好微幅改裝（C 性格）
3. 僅做基本維修保養（D 性格）

A

不需固守家業，也能開創新天地型

你有強烈的個人主見和喜好，不容易被他人左右想法，在需要做決定的時刻，可以明快果斷的做出判斷。面對未知的新事物，具有願意嘗試的開放性，是個堅定、有冒險心的人，很有自己擔當事業的性格趨向。

與其傳承家中既有事業，必須和家人經歷大量磨合和拉扯，堅持己見的你不見得適應良好。比起繼承，似乎更適合自己開創新事業或新品牌，保有一定的獨立性，會讓你發揮得更自在、和願意承受後果。

B

決定繼承，就不輕易放棄型

性格謹慎的你，習慣在既有範圍內發揮自身想法，會覺得較有安全感，在思考和決定事情時，也不會只單方面顧著自己，會考量周邊人的感受並納入評估選項，之後才會做出相對應的處理方式。

你具有下定決心，就會努力以一己之力實現的特質，相當適合成為組織裡的中間領頭者，能在原有家業的範圍內，埋頭苦做，默默實踐自身想法，擅長繼承家業中不可或缺的耐力大戰，頗值得一試。

D

適合繼承
百年傳統家業型

個性保守、不喜歡變動的你，習慣待在熟悉安全的大環境裡，只會針對不影響大局、有違自己喜好的事物做出改變。對於重大決定時刻，也傾向多諮詢、參考他人的意見後再做決定。

因此，你雖然可能會有小小的浪漫想法，但面對具有歷史感和長輩交持的家業，還是會以先前打下的品牌印象為重，適度因應自身專長、改良技術作業方式，讓家業品牌在不劇烈變動下、跟著時代運作。

C

能重整家業，
賦予新面貌型

你有考慮他人想法的時候，也有只聽從自我聲音的時候，時而尋求依靠，時而獨立，兩者交融的多變個性，會視遇到的對象特質，而調整、表現出不同的性格。但基本上，會尊重別人的建議，不會一意孤行。

這樣的你，如果對家中事業有興趣時，有很大的機會能和長輩取得折衷和交集處，前提是掌握良好的溝通技巧，和善於觀察長輩在意之處，拿捏得當就能整合新舊資源，賦予家業不同的可能性，成為讓人眼睛一亮的新形象。

會談時間

繼業溝通心理術 這裡有解！

有別於白手起家的創業者，可以毫無包袱向前衝，繼承家業的接班者，背負前人打下的江山，功成的功勞未必在我，要是沒做好，還可能徒增罵名。看來理所當然的接班，箇中也有許多難以對外人道的辛苦。

兩代之間如何流暢對話？交棒和接棒的人應如何調整心態？由劉仲彬、羅鈞鴻兩位老師分別就心理和溝通技巧層面，談談繼承家業的狀況題該怎麼求解。

文字—張雅琳　攝影—楊雅淳　場地協力—學校咖啡館 EcoleCafe'

劉仲彬

臨床心理師，高雄醫學大學心理學研究所臨床組畢業，專長認知行為治療與心理衛教。近年來開發的斜槓專長是輸出動聽的臨床故事，成立粉絲專頁「臨床心理師的腦中小劇場」，透過幽默筆觸讓人從中找到被同理的療癒。

羅鈞鴻（小虎）

聲音表達訓練師，以「透過聲音，讓每個人都能更好地成為自己」為使命，24歲起在學校、企業等機關團體授課，分享溝通表達的聲音運用技巧，幫助學員以聲音為起點，提升與人溝通的對話品質。

地味（後簡稱JIMI）：**請兩位以所在領域，分享曾遇過的「繼承家業」案例或自身經驗？**

劉仲彬（**後簡稱彬**）：案例不算少，因為涉及個案隱私，我會稍微變造背景。第一個個案是家中次子，因為哥哥不想接班，而他比較順從爸爸，所以當皮件工廠移到中國，他就跟著爸爸一起過去。他本身沒什麼主見，爸爸說什麼，他就照著做。這是我觀察到很多接班的態勢，就像被操縱的人偶，在長輩的羽翼下被保護得很好。一開始他只是幫忙，三個月後爸爸回台灣開刀，他變成發號施令的老闆，結果恐慌症發作，每天八點工廠開門，他就會突然尖叫，太太發覺不太對勁，才把他帶回來台灣治療。

另一個案例屬於比較會反抗的，他是不鏽鋼廚具製造商。公司是合股公司，兩代共有四個經營者。上一代都還位居要職，接班梯隊才正要成形，但個案的困擾在於他的作風比較鷹派，想的是怎麼幫公司增加營收，其他三個都是鴿派，他爸爸的態度也希望盡量以和為貴，不要製造衝突。他的痛苦就在於自己變成整個公司最難搞的人，常因為情緒跟同事處得不好，所以他也一直在學習溝通，那溝通的練習就是小虎老師的專長了。

羅鈞鴻（**後簡稱鴻**）：藉著這次與談，讓我回想之前很多來詢問的

人，聊到該怎麼和老闆進行溝通，情緒反應都很大。一開始我會覺得對方EQ也太差了吧，追問才知道，原來你的「老闆」就是你爸。

整理類似的接班案例，我發現溝通系統是否良好是關鍵。如果家庭溝通有問題，例如一直以來都是以爸爸為主的一言堂，兒子提出觀點時常被忽略，「這不重要！」、「你要看這個！」久而久之，難免感覺不到尊重。也因為長期受到壓抑，不能好好表達主見，思考變得很跳躍，更談不上自我覺察，也無法建立起跟家人互相支持的系統。

所以剛剛聽到仲彬老師的分享很有感，因為在那樣的情境底下，很快就刺激了他的不公平感：我明明也是為了大家好，為什麼我的聲音就不被重視？為什麼你們只活在過去？我想很多的憤慨感都是這樣衝上來的。

JIMI：能否請仲彬老師簡要說明繼業過程中「交棒者」和「接棒者」，各自會經歷的心理狀態？

彬：我們把繼業過程縮小成「一間父母給你的房子」，假設爸媽說要把房子過繼給你，長輩住二樓、你住三樓，你打算裝修三樓時，爸媽會不會上來監工？看一下風水？從這裡就可以知道他們看待接班的態度。

在交棒之前或當下，一定會經歷角色混亂的過程。房子我給你了，但我又捨不得你去碰，保持原樣就好。而接收房子的人也會想把屋子弄得很漂亮，但又不敢放手去做。如果交棒者只是想找個幫手，

交棒、接棒過程當中，無可避免會遇到「賦權」和「自由」的問題。

變成我可以操縱你，整個企業還是會以交棒者的意志來貫穿；但如果真的是要人接棒的話，就只能當個觀察者，嘴巴可以吐吐苦水，可是手不要伸進去。所以交棒者的課題在於「賦予權力」，像這樣「有限制」的給予，就不是真的交棒。

專長研究華人家族企業傳承的中國學者李秀娟教授，針對影響接班意願分為個人、家族和企業三大因素：評估個人的歷練能力能否接手？家族是阻力還是助力？企業是否穩定、具備良好的願景等等。以我現在來看，等著「被交接」的人大多只考慮一件事，就是自不自由，否則他們會覺得我去外面領三、五萬塊的月薪，至少很自由。接班一般來說不會太順遂，從一開始覺得被逼著不得不做，做了之後又有期待，期待之後又會有點落空，會出現這樣的心態變化。

我們覺得交棒、接棒可能是很美好的傳承過程，但當中無可避免會遇到這些問題，一個是「賦權」，一個是「自由」，好或不好，都會有從這兩者衍生出來的議題。

JIMI：兩位認為「交棒者」和「接棒者」，為何容易起衝突？在衝突過程中，該具備什麼樣的心理素質和溝通技巧？

鴻：我覺得仲彬老師已經有回答到前面這題的關鍵：因為「期待」不一樣。接棒者的壓力在於還沒有經過那麼多歷練，會懷疑自己，「我準備好了嗎？」、「我真的可以嗎？」如果在不自由的狀況下，又更難學習。但同時交棒者認為自己是給予愛的，「我幫你打下大半的江山，接下來就是你的了，這是爸

爸媽媽對你的愛！」，因為兩邊沒有辦法站在彼此的立場思考，長輩覺得我都對你這麼好了、你還那麼多意見，孩子也覺得我就已經很努力了、你還想要我怎樣，產生很多情緒，衝突就容易發生。

彬：哇，小虎老師這段好精彩，應該要錄影呈現他講這些話的表情！

（現場大笑）

鴻：其實談到溝通的心理素質，我認為關鍵是「覺察力」。我們跟親近的人溝通時，容易被慣性綁架，比如我爸爸講出某些特定詞彙，明明那句話對他人沒有任何殺傷力，但我可能就會被激怒。我們很容易因為這樣的慣性，導致無法理性溝通。

具備覺察力，才有機會看到這種慣性。當我知道爸爸說出「算了」會讓自己有不爽的感覺，有意識地去聽這兩個字，能讓情緒及時煞車。因為我們以往都是被刺激了就反射性回應，造成傷害。另一種則是完全撇除情感、遵循規則，稱之為機械性的回應，過度理智的狀態反而忽略對方感受。所以我們要避免以上兩種回應模式，一個是反射性的回應，只用心沒有用腦，另一種不用心只用腦的，就是機械性的回應；簡單來講，心與腦必須共用。

釐清溝通過程產生的問題，以

前我用的是「4F法則」：Fact、Feeling、Finding、Future action，先談事實，再講感受，找

我有我的故事，你有你的故事，揉合起來，可以是一個不錯的成品。

到自己的價值觀，最後則是採取行動。「非暴力溝通」則把這個模式講得更明確，第一步「留意觀察」，意見不合時，我們先就事實來講、不做評論，第二步「表達感受」，第三步「釐清需求」，透過感受，連接到哪些是我真正在意的事情，最後就是「提出請求」，讓對方能有所行動。

彬：接班之前，理解長輩的個性，是很重要的開頭，讓對方先感受到我是有溝通的意願，不能先入為主覺得他就只是個老番顛，而要嘗試理解老人家的固執。「同理心」很好講但是很難做，你一定要先聽過別人的故事，才有可能產生同理。

舉個例子，今天個案接班了，第一件事就是改招牌，不要小看這個動作，這可能就像割掉長輩心底最軟的一塊肉。所以個案問我要怎麼做，我會要他先去問爸爸這塊招牌怎麼來的？當初設計門面一定有他的脈絡和時代背景，如果只是粗暴地請兩個工人把招牌拆掉，可能兩代之間的關係也一併被拆掉了。

如果我們可以有一個折衷的方法，對這個溝通來講會有一定的流暢程度，也就是說在面臨衝突的時候，吃的不只是對方的人格特質也是你的人格特質。那對你來講，你聽完對方的故事，可以有些想像，進一步思考我是要直接換掉這塊招牌還是要融合新的東西進去，有源源不絕的策略，可以從對談當中跑出來。

好的融合都是經過好的溝通，現在很成功的二代文創或接班案例，多少都保留了父執輩的元素，再加上新生代的想法。你去看老字號火鍋「詹記」，二代接手後用1990年代的復古元素建構空間樣貌，哥吃的不是火鍋，是一種情懷。它就是一個很好的fusion（融合），我有我的故事，你有你的故事，揉合起來，可以是一個不錯的成品。

同理之後有個步驟很重要，就是要完整地把你的想法跟長輩講一次。提案技巧跟三明治溝通法有點像，用「正面→負面→正面」的順序傳達訊息。我先理解你，中間跟你講我的提案（即使你可能不會聽），最後給你一個停損點。也就是說，如果你願意接受我這樣做，我只會做到多少就打住，後面就照你的方式做，我也不會再固執下去。

溝通這件事情，小虎老師講得比我多，我比較從心理層面的關卡著手。溝通就是「聽」和「講」的過程，怎麼聽，就是「同理」，怎麼講，就是「表達」。所以彈性很重要，在溝通的時候向對方傳遞出多一點「我想這樣做，但我也可以這樣做」的彈性出來，通常會增加很多成功的機率。

對長輩來說，交棒是他把一直以來很珍惜的東西交給你了，他不可能完全不管，所以我們一開始就得預期他會管！甚至我會要求個案列出你覺得以你爸的個性會插手哪些部分？先做好心理建設，把狀況題都實戰演練過，摸索出互動模式，就能減少溝通上的衝突。

JIMI：無意繼承家業，要如何拒絕才能妥善處理家人的心情？

鴻：談判家威廉．尤瑞在《學會說不》提出的拒絕話術，叫做「好，不好，好嗎」。我用自己婉拒爸爸希望我繼承保險業來舉例，「好」就是先談談我看見了你對我的好，再來是我談談我自己的好、我在乎的東西，所以我先感謝爸爸的提議、謝謝他對我的信任，接著我會強調這十年來在聲音產業打拚，不希望辜負自己的努力。「不好」就是明確說不，「所以爸，我沒辦法接手這個工作。」最後的「好嗎」，則是嘗試提出對方可以接受的折衷方案。

把你的預期放進談判籌碼裡面，也可以是一個說法。

設計說法不難，但要跟帶有遺憾的家人繼續相處，可能才是拒絕之後真正的難題。所以大前提應該是我們多花時間了解對方為什麼看重這件事？為什麼期待我去做？總會在裡面找到好的折衷點。

彬：我剛剛說的先講同理再提出方案，最後討論一個折衷方式，其實跟小虎老師講的還滿像的。通常來到會談室的人，我都會先跟他討論「為什麼要拒絕？」，這樣問的目的，不是要說服你答應長輩，而是先想清楚拒絕的理由，才能站得住腳。如果只是「我不想」、「我不喜歡」，變成是種反抗，失敗機率就很高，但如果你有很明確的目標，至少在可接受度上會多一點。

不會有任何被拒絕的一方會是開心的，也有很多人因為被孝順綁架而遲遲無法開口。但我們得拉遠想，拒絕的代價是什麼？半年內長輩內心會受傷或是三年後搞砸家業，哪個比較嚴重？把你的預期放進談判籌碼裡面，也可以是一個說法。

溝通要直接講還是溫和地講，要看對方個性，很多時候我會跟個案討論他平時跟爸爸的互動型態，模擬出適合的方式。如何把溝通的原則貫徹到每個人的性格上，轉換成適合上一輩的語言，這件事情才是藝術。

JIMI：繼業者想要大幅度轉型，要如何溝通說服上一代？

鴻：以說服為前提來溝通，可能會達到反效果。建議把心態調整為：我有

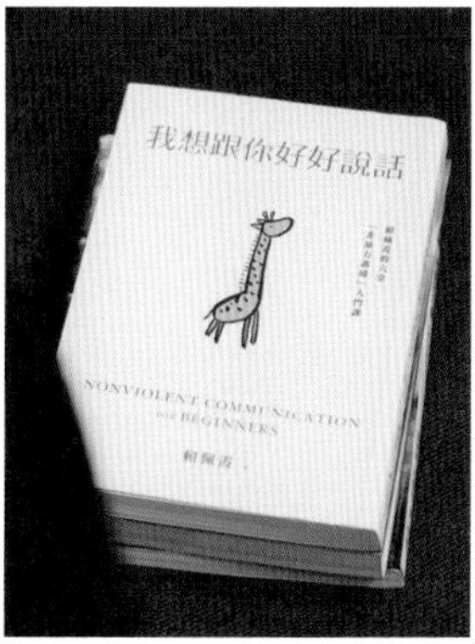

想要轉型的想法，但我們是同一條船上的人，所以我也願意聽聽大家的聲音，來優化我的做法。站在被改革的一方，難免有被否定的感覺，就像前面講的「換招牌」故事，舊招牌不起眼，但或許對當事人很重要，所以在提出具體方案之前，要把「為什麼要做這件事情」的來意說清楚，可能是我想讓門面更符合新世代的口味，這就是來意。

在討論方案以前，提高一個層級，先談談做這件事情的共識，可以從團體溝通著手。人會分三群：支持、中立和反對。支持者的意見要大量援用，他們就會更堅定地站在你這邊。把支持者變多了，中立的人也會靠攏過來。不要跟反對者硬碰硬，讓更多人傾向你的時候，同時也能讓反對的音量減少，或是嘗試接受你的方案。

要抓住對方的恐懼，去問出他真正擔心的是什麼。

彬：在說服的過程中，首要是讓風險成形、跟現實接軌，讓上一代有機會思考你的提案到底可不可行，接下來才會有說服的動作。其實說服就是想辦法讓我的優點大過你的缺點，太多個案的狀況是自身優勢根本不夠，有八成的失敗都是建立在空談上。最起碼你要勾勒出很明確的願景，如果你只說「可以來試試」，這五個字連講都不用講。

對長輩來說，轉型後的樣子是未知的，他們一定會有災難性的預期，所以我們要抓住對方的恐懼，去問出他真正擔心的是什麼。

還有很重要的，就是給對方一個保證，讓他知道你的提議不會造成太大的困擾。以前面的不鏽鋼廚具個案來說，他後來想添購設備加做烤漆，爸爸只有一個條件，「我不出人，你自己看著辦。」結果他自己先跳下來做一個月，展示決心，後來反而是爸爸覺得太辛苦，

還是請了一個師傅來做。這種例子沒有漂亮的話術，不會被寫進書裡面，但它很真實。

JIMI：最後，請兩位推薦與此主題相關的受用書籍。

鴻：史蒂芬．柯維的《與領導有約》建構很好的思考系統，對於溝通或是建立溝通前提都很有幫助。如果要了解非暴力溝通，賴佩霞這本《我想跟你好好說話》架構也很清楚。再來是我的兩位偶像李崇建和甘耀明老師的《對話的力量》，更簡化概念及方法，探討溝通時應該帶著好奇的心和更多的理解，我很喜歡這本，大推！

彬：《人生障礙俱樂部》是我自己的孩子，書中沒有指涉任何和接班有關的故事，但我覺得都有相同的情緒壓力在裡頭。看故事可以產生一種力量叫normalize（常態化），意思是「喔原來我跟其他人差不多」，在我們很辛苦的時候，都會覺得自己是最糟糕的，normalize就是讓你看見原來你遇到的狀況別人也會有，大家都有過不去的關卡。看完未必會有什麼解答，但是你可以看到大家面臨的問題都差不多，沒有誰更有智慧，也不一定誰更有辦法，大家都是在無奈當中尋找生命的出口。

《認真的你，有好好休息嗎？》是三位頂尖的心理師黃天豪、吳家碩、蘇益賢合著，在面對壓力時，書中提出「三力平衡」的架構，指的是體力、腦力和心力，針對三個方向都給了很好的因應方法，我覺得滿值得推薦，希望這本書能再被大家認識。

12
December
Taiwan Pass
HI
APP

新興大旅社

在地方，守護來客如歸的老旅社

文字—曾怡陵　攝影—Kris Kang

從剛翻新的苗栗火車站走出來，一路冷清，只有零星的電子遊藝場稍有人氣。拐進小巷，看見紫底白字的「新興大旅社」招牌。磨石子地、玻璃門上金色HOTEL貼紙、塑膠盆花和湖水色馬賽克磁磚柱，迎接每個初來乍到的目光。

新興大旅社從平房到樓房，同址路名從中山路改成為公路又變成建國街，坐看地方人事起落，走過70年已交棒第三代，演化出新舊交織的風貌。

1

2

在旅社裡，第二代經營者羅爸（羅清源）、羅媽（劉秋菊）和第三代二女兒Kelly（羅文宜），帶著我們在老物件裡翻找記憶，輕輕喚醒過往市街繁景和第一代的打拚故事。這些物件並非刻意仿古，多半已陪伴羅家50年以上的日常。

產業潮起潮落，成轉型契機

1950年，羅爸的父親羅慶水經營雜貨店、撞球場和麵店，因為常有人借宿而把店面改成旅社。中年早逝後，旅社留給妻子打理。六個孩子逐漸移居外地，只剩么子羅爸，留在家裡幫忙成了羅爸隨順情勢的唯一選擇。

羅爸接手時，旅社已改建成三

3

1 旅社仍保留以棉被花作為床頭裝飾的傳統，棉被需要有點厚度與硬度，摺起來才漂亮。 **2** 旅社走入第三代，為老外殼灌注新靈魂，也跟在地有了更多互動。 **3** 咖啡廳是羅家待客的地方，關於與住客的互動回憶永遠聊不完。

層樓房，在當時是高檔旅社，住房率很高。旅社鄰近火車站，南來北往的商人絡繹不絕。起初住客是來開拓市場的老闆，門路找到了就改派業務員出門，因為大多是單獨行動，那時旅社房間都配置單張雙人床；等到童書盛行，漢聲、麥克等出版社一次就出動十幾位業務員，騎車挨家挨戶拜訪，房間又改放兩張床。Kelly回憶：「小時候常看到兩大排摩托車停在旅社前面，早出晚歸。」實施週休二日後，家庭旅行的機會多了，房間又改配兩大床。羅爸說：「現在單獨入住的商務客比較少，我想是飯店、民宿等選擇變多，人都不知道跑哪裡去了。」

2003年的SARS讓旅社

生意慘澹，羅爸在出租旅社和守護家業的想法間擺盪多年。2014年，Kelly從加拿大打工度假回來，準備找工作。一方面想陪伴父母，一方面年輕人出遊的風氣正盛，覺得旅社還是有發展的潛能。而大女兒Tiffany（羅文君）當時任職台北的廣告代理商，想直接經營品牌，也思考不如從自家旅社著手。「但最主要是考量爸媽年紀大了」，旅館清掃、環境介紹都要爬上爬下，Tiffany看著心疼。2014年起，兩人陸續回旅社幫忙。

用咖啡，開啟旅社與在地的接觸

分工上，羅爸、羅媽的重心在旅社，Kelly主責咖啡廳，在外地的Tiffany則扮演主管的角色，旅社走向和活動都會經過她的同意。還有兩位在地年輕夥伴分擔房務、接待、行銷等工作。Kelly說：「其實旅社很小，大家什麼都要會，要互相支援。」

1 Kelly透過手沖咖啡，提供在地人認識旅社的媒介。上方三盞奶油燈從旅社開業至今依然照亮著。 2 許多國內外旅客走進旅社，帶著對苗栗的美好回憶離去，在2011年被網友票選為全國十大幸福旅宿。 3 小幫手唐意涵（左）與周雅平（右）對傳統文化有濃厚的興趣，分擔旅社接待、行銷、設計等工作。 4 私人客廳改為咖啡廳後，小房間挪為服務生室，讓值班的羅爸、羅媽和小幫手們輪流休息。

兩代對旅館的經營想法常有拉扯。例如Kelly想增加背包客房型，羅爸不理解為什麼會有人想跟別人共用房間和衛浴；又如她想將原是自家客廳的交誼廳改成咖啡廳，也被反對。原來過去客廳曾改為冰菓室，當時羅爸和羅媽還要兼顧旅社，忙到胃痙攣；而這次Kelly想做的是手沖咖啡，還不能用機器代勞，羅爸說這樣太累了！連咖啡廳的牆面想漆成酒紅色，都被嫌太暗，還得趁著羅爸羅媽出國時，偷偷趕工才完成。

咖啡廳的空間原是私人客廳，因為羅爸、羅媽會招呼在外探頭的住客進去聊天，日後自然演變成交誼廳。而因為Kelly喜歡咖啡，2016年又將交誼廳打造為咖啡廳，除了補足老旅社所沒有的大廳功能，讓住客有地方休憩，非住客也有機會了解旅社。名稱沿用冰菓室的名字「老地方」，稱為「The Spot Coffee Company」。

相較於旅社指引了外地遊客深入苗栗的旅遊路徑，老地方咖啡讓在地人有機會走進旅社。羅爸說：「雖然我們在這裡70年了，但還有很多苗栗人不認識。」此外，在咖啡廳裡，兩姐妹也會適時為客人搭橋樑，撞擊出彼此的新想像。Tiffany說：「有些人喜歡聊天，特別是剛回苗栗或想問苗栗發展機會的人。我可能會跟他說，你知道嗎，那一桌也是從台北來的喔。看聊天的方式，你大概會知道他有沒有興趣認識別人。」

返鄉青年串聯，催生生趣活動

老地方咖啡也是返鄉青年取暖、喇賽兼談正事的地方。「我跟Kelly回到苗栗時，完全沒有任何一個朋友！」Tiffany說起當時的落寞。而今，這裡成為一股穩穩接住大家的力量，取暖的熱能往外擴散，一場又一場的活動活絡了苗栗的生氣。

咖啡廳開業不到一年，遇到元宵節的踩街活動，Kelly想讓同為新創業的咖啡廳一起曝光，舉辦了「生趣（客語的有趣）市集」，邀多位咖啡廳的咖啡師到旅社騎樓擺攤。2020年，又舉辦「貓狸島咖啡生趣會」，邀請訪客到各咖啡廳集章、抽獎。籌備期間，大夥在打烊後一起熬夜趕文宣，凝聚了向心力，也持續催生創新動能。友好店家如「老家生活」也規劃小旅行，讓旅客的觸角碰觸到在地人才懂的迷人之處，也讓訪客入住新興大旅社，感受舊時歲月的變與不變。

1 黃藍洗石子樓梯是羅爸的驕傲。樓房剛建成時，想蓋房子的初中老師還聽師傅的建議來參觀樓梯。 2 原先沒有對外窗的房間改作二樓交誼廳，還保留著木造矮平房時期的招牌、總機、東方蜂鷹標本等老物件。

新興旅社

專注本業，持續讓人一來再來

疫情肆虐的2020年正好是旅社的70週年，羅爸、羅媽希望能邁向100年，話語中有交棒的意味：「主要還是看她們（女兒們）的想法。」兩姐妹對旅社沒有所謂五年、十年規劃，但希望能貫徹「賓至如歸」的初衷。

Tiffany說，新進夥伴曾問她想為苗栗做什麼，她思考返鄉青年常做的社區營造、公益活動都非她們所長，決定專注本業，「顧好來這裡的客人，讓外地人喜歡上苗栗，不只來一次，而是可以一直來。」此外，傳統旅社重要精神及

早年具有深長結構的屋子會在中段開天井，目的是讓光線及空氣流通，也兼能聚財、避免房子看起來陰森。改建成三樓旅社後就有天井的設計，旅社第一代羅慶水因為安全考量，在天井旁加了鐵欄杆，漆成米白、紅色的復古幾何窗花，總是牢牢牽引訪客的視線。

最讓羅媽印象深刻的，是天井曾吸引馬來西亞一對建築商兄弟不約而同、前後入住，哥哥還用旅社塑膠花拼成孔雀，曾經展示在天井空間，後來因為積塵而丟棄，說到這裡引來羅爸羅媽可惜聲連連。天井也成了旅社70週年蛋糕上的紋飾、訪客打卡點等。如今，二樓天井底部以透明隔板封起，成為主題性陳列的空間，也保留通透的視線。

傳承 技 & 物

1967年改建成新式旅館，當時採購的電話總機仍保留至今。過去旅社住客若要打外線，都會經過這台總機轉接，當住客拿起房間副機話筒時，可以從亮起的燈號知道哪一間房有通話需求。

雖然30幾年前就不再使用，但羅媽對操作方式記憶猶新，還當場示範：「如果200號房客人打電話下來，我就把線插進200的孔說：『喂，有什麼需要嗎？』如果他說，麻煩你幫我打電話到台北。我會請他等一下，然後打108長途台轉接，聽到對方的聲音後，我再轉成外線，他們就可以對打。」通話後，再依通話時間計算費用。

元素的棉被花，也是未來推廣的重點，Tiffany說：「若沒了棉被花，很難說服自己是台灣傳統老旅社。」

兩姐妹與喜歡老文化的年輕夥伴們，想打開老一輩對返鄉可能性的看見，打破「年輕人就要去城市發展」的想法，也用自己的方式延續過去旅社一貫的待客精神，一如旅社樓梯上方保存54年亦無泛黃的「賓至如歸」匾額。

訂房網站裡「闆娘還出來道晚安」、「在咖啡廳做功課還被餵食」等評價，是他們掏心待客的證明。他們持續用念舊又創新的方式，讓每位住客都能感受家人般款待的心意。

摺棉被花

羅媽將被子翻來摺去、隨手拉順，如此重複幾次，不用一分鐘就摺完一朵棉被花。羅媽從三義嫁進羅家後就開始學摺棉被花，起初只有兩、三種花型，在她手裡又變化出20幾種。過去沒有特別命名，但只要說「兩個捲起來」、「有兩片葉子那個」，彼此就能知道是在講哪一款。去年旅社週年，特別將羅媽還記得的花型一一命名，整理出牡丹、蓮花、節節高升等13款花型。而從小看到大的Kelly不用特別學習，摺被畫面早在腦中重播多次，一上場就會摺。不過好些款式的技術還是不夠扎實，無法穩穩立在床上。「這有『想睡覺』嗎？」是羅家確認棉被花狀態的術語，意思是問摺好的棉被花看起來會不會軟軟的沒精神、不夠挺。現在旅社也開設迷你棉被花教學工作坊，讓訪客能親近這項流失中的傳統床頭裝飾。

和天井一樣，磨石子水槽也是旅社改建後保留下來的老件，現在成為洗手台。30多年前還沒有洗衣機，入住的旅客如建造工廠的工程人員、出版社業務員等，一住就是十幾天，都在水槽用石製斜板搓洗衣物，到了後期才改用現代的洗衣板、洗衣機。旅社的被單也在水槽洗，洗完後會用瓦斯煮大鍋太白粉水滾沸消毒兼上漿，沖洗、擰乾後拿到頂樓晾晒，這樣摺出來的棉被花才會直挺漂亮。

「以前水槽比較漂亮，表面有蠟質，比較光亮，結果被她弄那個什麼……」羅爸說著語氣急促起來，帶著濃濃的惋惜。羅媽拾起話講：「鹽酸啦，鹽酸會咬石子，就變成黑黑的不好看。以前客人天天在那裡洗衣服，確實磨得很漂亮。」

水槽

舊時印象

Kelly和Tiffany童年時，苗栗當地擁有汽車的人不多，旅社前方街道沒什麼車經過，羅家一家人常在街上打羽毛球、踢球。後來，人流車流湧進，前後方街道開滿牛肉麵店、麵包店、柑仔店（現在的超市）、水電行、診所、布行、西服店、鞋店、文具店、柏青哥店等，「應有盡有，生活機能很方便。」

Kelly記得，這些店在她國小的時候都還在，因為當時她自己走路回家也不覺得害怕。街道上一樓店面商用，樓上都是自住，隨著店主人年紀漸長，店家一家一家地收，也可能因為下一代不返家而賣掉或出租，同一條路變得「沒什麼好看的」，太晚獨自行走會害怕。

Tiffany也見證著地方逐漸蕭條的過程：「畢竟旅社斜對面就是苗栗火車站，本來是滿熱鬧的，但不太確定從什麼時候開始，大概是15年前吧，全部都關了。」、「你知道苗栗的人口外移嚴重到什麼程度嗎？」對照Tiffany就讀國小時，一年級有8～12班，一班多達50人；現在當地國小一年級僅剩4班，一班只有20幾人。

重新返看

Kelly在2006年離鄉念大學、工作，短暫回旅社幫忙後又到加拿大打工度假一年半，2014年返國後正式參與旅社的經營。她認為苗栗的變化很緩慢，變動不大，最近比較明顯的是火車站翻新，也有越來越多人返鄉，例如「老家生活」就是由屋主年輕一代組織的年輕團隊，將50年老房子改造成咖啡兼文化共學空間。

「不過你看這些回到苗栗開店的，撇開那些超級網紅店不說，一般來講生意都不是特別好。」2002年到外地求學和工作、2015年短暫回家接手旅社約兩年的Tiffany說，許多返鄉青年必須兼業，否則一份工作沒辦法養活自己或家庭，「苗栗就沒有什麼年輕人呀，開早餐店要賣給誰？」而且因為又屬於「超級省」的客家聚落，多半自己在家煮，很少會在當地消費，所以他們也常被客人問「苗栗怎麼都沒有餐廳？」

羅家有機會就會去返鄉青年經營的空間走動，期待大家都能把生意做起來，羅爸說：「希望熱鬧起來呀，要不然客人說你們苗栗車站是全台灣最冷清的，晚上9點半左右都暗漠漠（àm-bók-bók，非常黑暗）的！」

（圖片提供：新興大旅社）

請問前輩，我想知道……

文字、圖片提供—林佳慧 插畫—69

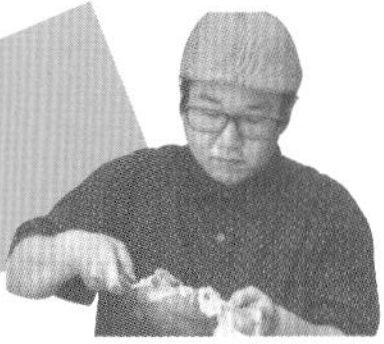

林佳慧

來自傳承三代的「林聰明沙鍋魚頭」小吃攤，六個月大即被父母揹在身上到中正路擺攤，從六張桌子開始經營。攤車上的生活佔據整個童年，騎樓下就是遊樂場，至今樂此不疲。

Q 剛繼承家業，卻想大幅度轉型，要怎麼和家人溝通？

A 我自己是從大學畢業後回嘉義承擔家業，今年已經邁入第18個年頭。

回家十幾年來，其實行動中仍然藏著我的雙子座個性，思考很跳躍，時而浪漫時而又非常要求效率。為了避免衝突也加快兩代的溝通，我學會從一個急性子，慢慢變成說故事的方式，向長輩訴說我想做的事，列出自己的劇本計劃書。因為每當我發現一個新創意想加入時，最大的挑戰之一是說服父母。

年輕時的我，會急於向長輩分享，但我發現他們會找各式理由、提出問題，或預設立場設下障礙，來告訴你這件事不會成功。通常長輩也不會說明是否支持，但也不會直接反對，這是最懊惱的地方。

現在的我，會把思考時間拉長，並且在跟父母提案前，先想好各種可能發生的版本，以及最壞的情況會是什麼。但有時候也必須經過一些包裝技巧，再緩緩提出心中的想法，不要一股腦兒將想做的事全部講出，最重要的是先評估、先溝通，並默默將任務使命必達。

還記得滿18歲時父親教我開車，坐在副駕駛座的他，告訴我要注意哪裡，耳提面命道路上的危險；直到我獨立駕駛，握著方向盤上高速公路時，掌握汽車的開心居

然只有一下下。我發現原來駕駛的責任是如此重大，讓他坐在副駕駛座要有多大的信任，也漸漸明白當父親讓我掌杓的時候，有深切的信任與期盼。

後來我理解出兩代共同經營的道理——「不要讓父母親沒有安全感」，要好好的說明和分享，就像開車時載著長輩，不要覺得長輩碎念是針對你，他們的提醒可以讓你注意更多前方路況，也請把自己當成計程車司機，先開往乘客喜歡的路線，留意車上音樂與空調溫度，專注保持適當的時速，互動的點點滴滴都會深深影響這段旅程。

兩代共同經營，就像開車載著長輩，準備來一趟公路旅程。

Q 我們是傳統老店，要怎麼持續吸引新舊客人光顧？

A 父親常跟我說：「生意好的店，賣孤味！」放眼世界餐飲業，只要口味好，不怕沒人宣傳。顧客的口碑是最佳行銷宣傳，最重要的還是要回到餐飲本質去思考——「口味要好，要讓顧客有記憶點。」

這些年餐飲市場變化很快，我們的店在門市經營從過去土法煉鋼的路邊攤，歷經到企業化品牌的思考經營模式，世界上唯一不變的就是變，必須變得更好、變得更加有溫度，讓顧客願意上門支持。

首要做法是在制度面加強人員的

教育訓練，提升福利留住人才非常重要，這樣才能持續呈現好品質。同時餐點也要與時俱進，符合食品安全與少鹽少油的需求趨勢，在用餐體驗上增加顧客好感度，積極思考要如何提升顧客對品牌的心佔率。另一方面，還要運用創意力開發新商品，給顧客更多的餐飲想像。

從2020到2021年因應後疫情時代，我們率領研發團隊陸續開發電商食品，用商品的獨特性作為DM傳達老店的品牌價值，將心中發芽的創意提案化為實際行動。我們也從門市經營漸漸布局到電商通路，發展出老店轉型、開發新客戶的另一條道路。

像是在便利商店上架「聰明醬」、「沙茶魚鬆蛋捲」和「香辣沙鍋菜」，結合用餐習慣而開發的飲品和啤酒，順應電商市場「宅經濟」的需求，推出了聰明米餅、聰明魚鬆等商品，也和旅館業者

回到產品本質和客戶體驗去思考，給顧客更多的餐飲想像。

自動販賣機推出小包裝的沙鍋魚頭冷凍調理包等新嘗試。看到顧客與家人用友，不只是來店用餐，在旅行上班或是宅在家也能安心分享美食的畫面，口碑相傳的推薦，成為我們持續研發跟創新產品的動力。

經營的每一天都像是爬一座高山，經營者是領隊要帶著團隊登高望遠，家族式的經營方式已經轉型為團隊品牌式經營。對於家業的期待與挑戰，期待老味不老，留住老顧客的胃、吸引新顧客的味蕾，職場環境則打造讓年輕人願意加入小吃店的工作行列。

很多人都說下一代接手確實不容易，尤其兩代溝通更是困難，回歸到家庭的本質來看，家是最大的避風港，在家裡講道理注定吵吵鬧鬧，自己也漸漸明白，要拿掉個性做事，要在圓融中修練自己、帶領團隊，並持續精進料理才能帶給顧客最棒的美食體驗。

爸爸從爺爺奶奶身上傳承手藝，一家三代在騎樓下經營路邊攤仔，青春歲月酸甜苦辣都在這一家店。我感受到許多人情溫暖支持著，工作夥伴全心投入的認真，和顧客給予餐點最真誠的鼓勵，匯集成我心中最美的風景。願這鍋傳承近70年的家味，可以繼續探險、走向長久的未來。

HAND OVER

產業

TAKE OVER

七星藥局

從私家藥局出發的地方學，待續未完

文字—陳怡樺　攝影—許翰殷

1960年，吳進與妻子吳賴秀雪在嘉義民雄創立七星西藥房；1982年，第二代吳嘉文藥師返鄉，遂更名為「七星中西藥局」；1994年，吳嘉文與妻子楊玉華藥師接手七星藥局；2019年，第三代藥師吳至鎧返家，加入營運。2020年11月底，歡慶60歲生日的七星藥局，每天早上8點到晚上10點半開門，每年只有除夕和初二休息，駐守民雄老街區，守護鄉民健康一甲子。

木作落地窗內，文心蘭亮燦燦地安放在圓木桌上，「佐藤製藥」的大象公仔和「SS製藥」的兔子公仔比鄰，散發檜木香的老藥櫃鎮守藥局。循著磨石子樓梯上樓，七星醫院創辦人張媽興醫師的照片排序第一位，緊接著是「七星西藥房」時期的老照片，細細記錄過往。

一張照片能清楚看見第一代招牌使用日本漢字寫作「七星西藥房」，另一張照片能看到昔日九重葛從一樓蔓生到二樓的牆面。「七星西藥房」創辦人吳進曾服務於台北七星醫院（位在現今饒河街與八德路路口），日治時期的松山庄屬七星郡，因而以「七星」為名。戰後，吳進於七星醫院擔任藥局生，白天在藥局服務，晚上兼任醫佐，協助整理外診物品，陪同出診到病患家中看診，有時遇到基隆河對岸的患者，也需協助划竹筏渡河。沒有受過專業藥學訓練的吳進邊做邊學，1960年，回到民雄成立「七星西藥房」，成為鐵路沿線貨運業者和搬運工最常光顧的藥局。

1 同是藥師的吳嘉文、楊玉華及吳至鎧，關心健康業務，也關注地方文史。 **2** 吳嘉文正拿著手繪的「一樂酒家修復立面想像圖」，解說未來的內部規劃。 **3** 第二代吳嘉文返鄉時的老招牌，被完整保留下來。 **4** 走進一樂酒家整修工地，一眼就看見優雅的老窗框。

走到三代，讓空間回到最初

一樓藥局牆面保留的「七星西藥房」老招牌下，飄著陣陣咖啡香，在友好店家「慢靈魂咖啡」獨家調配的「百藥之王」微酸尾韻中，話題緩緩回到吳至鎧的童年。原本的老樓梯隱身在簇新裝潢之後，調劑室的舊裝擋住了圓窗，幼時的吳至鎧經常在調劑室裡吃飯玩耍寫作業。

2

3

2019年4月，吳至鎧回家加入藥局經營。「常有人說設計得很漂亮，其實我們只是讓空間回到最原本的樣子。」當年父親吳嘉文回家執業，爺爺重新裝潢、打造新店面讓兒子接手。「我爸本來就想改了，等一個對的時間改裝。」吳至鎧向父親提議，「不如就定在我回來的時候吧。」拆掉舊式裝潢，保留原始的樑柱與地面，老樓梯也重見天日。

「其實知道自己以後要接藥局，算是半推半就地念了藥學系。」興趣多關注人文社會領域的吳至鎧，南下高雄讀畢大學後，先去花蓮服役，再到台北市立聯合醫院接受PGY訓練（畢業後一般醫學訓練，Post-Graduate Year Training），同時也接受臨床和長照訓練，具備長照藥師資格。之後分別再到藥局、日本藥妝店工作，先後在台北待了三年，面對的客群從上班族到貴婦，工作區域從部落到都會，累積不同的工作經驗。

家人是關心社會的初啟蒙

談到為何關注人文地方，「小時候，爸爸常帶我走逛民雄，總會用提問的方式和我聊天。」他回憶，「爸爸會先了解我的觀察和想法，再和我分享他的回憶和看法，好比說，在街區逛到一個舊碾米廠，爸爸會解釋這裡以前是米街，碾米廠擁有類似『銀行』的功能，農民可以糧換錢……」。逛著逛著，每條小弄、每條老街，都有說不完的故事，聊不完的話題。小種子埋下，如今也生根了。

父親的影響不只於此，小時候就會聽父親分析報紙社論的吳至鎧，認為那是他對社會政治百態的初啟蒙。加上「我姑姑學人類學，

1 招牌設計以七星山主峰剪影為視覺，並選用台語羅馬字拼注。 2 藥局內，到處可見吳嘉文收藏的各式藥廠公仔。 3 透過曾是同學的小姑介紹，楊玉華嫁給「學長」吳嘉文。

從小會買書送我，也會帶我到部落看看。」對於部落文化很感興趣的吳至鎧，在花蓮服役那年，礦業法及原住民族傳統領域議題開始發酵，因緣際會上山，從遠處看到亞泥礦場全貌。「很震撼！原來當地人每天都身處在『未爆彈』底下。」吳至鎧對現場留下深刻印象，也更堅定「知識份子要關心社會，為社會做一些事，不該對社會冷漠」的信念。

手繪回憶，用力活在地方

從小愛畫畫，也愛收藏老物的吳嘉文，因父命難違，而繼承家業，熱愛創作的心念仍在。在兒子的督促下，吳嘉文開始手繪1970年代民雄鬧區街景，將已消失的小吃攤、店家畫了回來。

微捲的灰白髮，帶著質樸笑容的吳嘉文翻著作品一邊補充，有些憑記憶，不確定的地方再去問朋友。沒有受過美術訓練，全靠自己摸索，雖然沒有太多老照片可參照，全憑五十多年的生活記憶，把腦海裡印象逐一畫下來，陸續完成〈七〇年代民雄街道圖〉、〈七〇年代民雄職業別明細圖〉、〈民雄歷史建築九景〉，及〈七〇年代民雄街區景象〉（包括前民雄市場、寶島食堂、碾米廠、棉被行和竹器行等）。早年的民雄鬧區，因鐵路、公路交通發達繁盛，聚集相當多的店家，有些清晨開門，有些經營到半夜。吳嘉文回想，當時前民雄市場是全民雄最熱鬧的區域，四神湯、花枝炒、意麵、鱔魚麵等各式小吃攤位熱鬧滾滾，後來因道路拓寬，小吃攤幾度搬遷，不若往日。

而店裡的老物，小至寄藥包、藥瓶、廣告鐵牌、藥廠企業公仔，大至西藥櫃、中藥櫃、醫生櫃、調劑櫃等，全是吳嘉文的收藏。「第一份的收藏，是從8歲收集來的火柴盒，到現在都還留著。」吳嘉文談到，當年父親當密醫時，他在診間旁邊玩，看到候診患者的火柴盒，很喜歡開口要的。

從藥師成為鄉民老師的傳承插曲

走出藥局，踏入隔壁的「一樂酒家」修復工地。問為什麼想把這

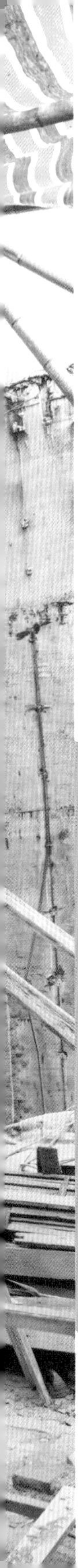

吳至鎧從小即受父親和家人影響，關心社會發展和地方文史。

裡買下來呢？「喜歡啊！」吳嘉文毫不遲疑地說。吳至鎧笑說，「一樂酒家是我爸最大的收藏！」

「中樂路上，僅剩一樂酒家保留日式建築的原貌。」根據「一樂酒家建物文史調查研究」，酒家建築的興建年代在1942年之前。吳嘉文買下後，向嘉義縣文化觀光局諮詢「私有老建築保存再生計畫」後，展開「一樂酒家」建物整修補助的申請歷程，2020年5月正式動工修復。

吳嘉文拿著手繪的「一樂酒家修復立面想像圖」說，未來將以四大主題為規劃，包括恢復昔日酒家包廂文化的「曉之古物間」、作為街區田野調查基地的「DOVOHA街坊」、與台灣年輕藥師協會合作

寄藥包

傳承

技&物

「寄藥包」是日本家庭的基本配備，1930年代傳入台灣。早年，醫藥不發達的台灣，寄藥包肩負偏鄉地區的醫療服務，直至1970年代初期才逐漸式微。

「寄藥包」又稱「藥品宅急便」，也稱「行動藥房」，是指製藥廠商將家庭常備藥品放在外觀像藥袋的大紙袋中。楊玉華說，業務員將藥包寄放在民眾家裡，每過一段時間業務員會來結帳，依用掉多少藥品收費，業務員也會確認藥品是否過期。

「我喜歡寄藥包上的圖樣。」吳嘉文分享，開始收集寄藥包時，風氣還不興盛，現在就沒那麼容易。早年民眾多不識字，看不懂藥名，楊玉華說，藥廠會設計簡易通俗的辨識方法，避免民眾吃錯藥；以圖畫識別，如畫「一隻蝦、一隻烏龜、一把掃帚」，代表以台語發音的哮喘病，或畫一個人躺在床上，額頭上敷著一袋冰塊，代表退燒藥。

的「台灣藥史室」，以及「薰養漢方香堂」漢方藥體驗區，待今年年中建物修復完工後，將陸續發生。

以一己之力爬梳、保存地方文史的吳嘉文和吳至鎧，也逐漸被地方看見。2018年起，他們受邀至中正大學USR「重構大學路」計畫底下的「民雄學，學民雄」課程，分享民雄地方研究；也藉此徵集舉辦民雄老照片展、定期導覽，成為連結在地的社區工作夥伴。

從藥局藥師、文物收藏家，到地方社區工作者，角色的切換來自對在地的持續深耕挖掘，對吳家人來說，由家裡藥局出發的地方學，是三代人使命傳承的意外收穫，未來將會持續以此開展、延伸。

「一樂酒家」是日治時期典型的兩層樓商店街屋建築，全木披覆雨淋板的外觀，一進門是一座大跨距全實木樓梯。一樂酒家一直經營到1967年，由寶島食堂接手。根據吳至鎧的記憶，原包廂拆除，改由屏風隔擋，原置於榻榻米上的客席方桌，改成圓桌，以餐廳形式經營一陣子後，寶島食堂改作外燴，餐廳改作廚房和倉庫使用，直到2014年再由吳嘉文買下。

位在一樂酒家隔壁的吳家自宅，也是1967年購入，當時空間為原老闆家、員工宿舍和豬圈，吳家購入改建成住宅。

老藥櫃

鎮守七星藥局的老藥櫃，也是吳嘉文的文物收藏之一。

這座實木老藥櫃原為民雄第一間藥局「滋生藥局」所有。「滋生藥局」創辦人何登元，自日本東京藥科大學學成，順利取得藥劑師資格（當時稱為藥劑師），曾服務於嘉義醫院。1940年代，返鄉開業懸壺濟世，70餘歲時，由四子何明亮藥師繼承藥局，而後舉家移民國外。其後由吳嘉文購入，在七星藥局繼續堅守「藥櫃」崗位。

一樂酒家

舊時印象

提到小時候和現在的民雄變化，吳至鎧認為差異不大，「因為我家就在火車站前面，街上還是很熱鬧，這邊是有名的鵝肉街，頂多鵝肉店家從小時候的十家少了幾家，其他像我小時候就有的飲料店，現在都還開著！」

反倒是因為嘉義大學、吳鳳科技大學、中正大學皆在民雄設立校區。隨著大學生活圈的形成，2012年，全嘉義縣第一個麥當勞在民雄開業，2017年，全嘉義縣第一個星巴克也選在民雄開業，「星巴克開了之後，肯德基、爭鮮這些連鎖餐飲都進來開店，今年就連健身工廠也來蓋一棟好幾層樓的店面！」，對比吳至鎧小時候印象中要看到麥當勞和星巴克，都得進入嘉義市區，是最明顯的變化。

而他認為這些連鎖店家的陸續進駐，在於民雄擁有四所大學學生的消費習慣和力道，畢竟「連在大林和民雄交界的南華大學學生，生活範圍也都是來民雄」，也難怪是嘉義縣十八個鄉鎮中人口最多、最穩定的行政區。

重新返看

自大學時期離家九年，幾乎每個週末都會回家的吳至鎧，說「我常常回家啦！對家鄉的一切還是很熟悉。」經常在鎮上走逛的他，也觀察到有愈來愈多年輕世代，開始返鄉接手家中原有老店，或嘗試改造老宅空間、自行創業。

因為年齡接近，也常不約而同出現在「慢靈魂咖啡」，一群在地家具行、壽司店、麻辣鍋、咖啡豆烘焙行等店家的小老闆們，在此漸漸相熟，形成盟友般的情感。吳至鎧形容，「這裡很特別，一進去就會想靠著吧檯、跟老闆聊天，讓人很放鬆、容易交朋友，有趣的事就會自然發生。」

小老闆們平時除了大小聚會，各店活動期間也常會相互支援、分享訊息。「像我們家60週年活動那天，他們就來幫忙搬運器材、買鞭炮過來慶祝，還一起參加我們的古著派對！」，對於當天大家共襄盛舉的熱情，吳至鎧除了感動，也感受到在地年輕人的關係，正透過一次次的活動更形緊密，醞釀成更堅實的網絡。

（圖片提供：七星藥局）

請問前輩，我想知道……

文字、圖片提供—黃筑憶　插畫—69

黃筑憶

出生於1990年秋天，金弘麻油花生行現任經營者，著迷於人文與藝術與科學的事情，偶爾以諧星之姿示人、上班時是霸氣外漏的黃董，成長過程有點驚濤駭浪，總算以角落生物之姿成長，安全抵達成年後的現在。

Q　我是女性，要怎麼面對承接家業的反對聲浪？

A　比起19歲時決定返鄉接手油行，更令我驚訝的就是回來之後遭受到許多反對，這些反對聲浪裡除了怕我做得太辛苦的成分，更多是來自於對我身為女性的歧視。

那時的我很難想像，在我以為繁榮現代的家鄉，竟然存在著嚴重的性別刻板印象與歧視，舉個畢生難忘的例子：「妹妹妳好棒，如果生到像妳這麼勤勞認真、幫忙工作的女兒我就好命了。」、「妳是女生，怎麼可以回來搶弟弟的事業呢？」這兩句話竟然從同一個老客人口中說出，一開始當然難過，但返鄉後短時間內被這樣的聲音密集攻擊，我馬上認知到：這是整個社會對於性別平權認知不健全的扭曲常態。

幸好，我在大學通識課有修教育學概論，上課內容曾提到性別刻板印象議題，讓我對性別平權運動與著作特別關注和閱讀。比照遇到的狀況，我思索接下來可能會面對更多的迫害與攻擊，比起反擊我好像更擅長溝通，因為覺得溝通比較有幫助。

面對這些認知不健全的言語攻擊，我從最開始的惱怒惱火改為以「去除性別刻板印象」為目的的思辨對話，與那樣的客人或者親友開啟一段又一段的對話。這之中，當然會遇到談得面紅耳赤的過激情況，進行這種對話真的必須要把自己的個人情感先放一邊，去除掉情緒的字眼；十年來的閱讀與練習，我已經是可以在突然面對性別歧視的質疑或攻擊時，平心靜氣地一來一往、答辯如流的等級——不給對方難堪，也多一個人有去除性別刻板印象的可能。

　之後，我更看見了因為性別刻板印象導致女性就業的困難，像是同時需要照顧孩子也需要肩負經濟重擔的二度就業媽媽、因為幫忙照顧家中老幼而離開職場多年的三度就業阿嬤，這些角色都是我們曾經認為理所當然，卻缺乏彈性工時支持其生活運作的職場弱勢者。

從最開始的惱怒惱火，改為以「去除性別刻板印象」為目的的思辨對話。

　但這樣的角色素質對我而言，正是店裡最需要的人手，他們善於觀察、互相支援、溫暖親切、努力不懈……，所以常常客人一踏進我們門市，定睛一望，總會脫口而出：「哇，我發現都是女生！」

　我也鮮少對外開職缺，因為總是恰巧在甫缺人時，遇到有工作需求並且關注我們許久的朋友，前來投遞履歷，理念相投，攜手努力。我當初想回來跟媽媽一起好好生活

的願望變得更大了，現在我想讓更多的媽媽與孩子，因為我們彈性的排班配置，得以一起好好生活。

Q 地方習慣低價競爭，要怎麼改變這種產銷結構？

A 我回來接手後，對自家產品與消費之間的關係，做了幾件事情。

首先我決定先深入做市場調查，把同質性商品最高與最低的販售區間拉出來，然後收集、品味，藉此了解自己的產品在同類型商品裡的品質與售價定位。這樣的調查，不但可以讓自己重新審視產品的價值與價格，還能在面對客人謾罵、挑剔產品品質與售價時，提出市場調查結果作為比較型態的回應，可以更有效的進行溝通。

多做些功課並不吃虧，做吃的一定要時時保持品味警覺，搞不好有更美味更厲害的製作者與原料出現，挖掘到的時候更能促進自己進步，一直到現在，我看到新出現的同類型商品上市時，還是會買回來品味一番，更新我的市調資料庫。

在掌握銷售端的競爭者型態之後，接著我走出自家老店，參與各個大小市集與食品展，提供免費試吃與面對面解說，積極讓更多人認識像我們這樣不花錢打廣告的原味傳統美食，畢竟像我們這樣沒有行銷資金可運用（售價裡更是沒有行銷預算），也沒有網路聲量，50年來單靠熟客與過路客口耳相傳與不具名代工維生的傳統原料生產者，除了自帶光芒的美好原味，好像沒有任何行銷力……就勇敢的走出去！充滿自信的對陌生客人遞出試吃品，並大聲說「請吃吃看我們家自製、無調味的柴火烘烤花生醬吧！」

就這樣努力多年，在零售市場算是佔有一席之地，成功擺脫廉價疲勞的代工時期，接下來面臨資金嚴重短缺的我們，無法靠通路傾銷，也沒有資源做標準化大量生產以壓低成本。我們只能不斷如初地勤跑各個產地，找出更好的原料，在有限的生產力之下，好好地、專注地做出讓自己與使用者更滿意的產品。

再來，我們也舉辦多場特色串聯活動，結合各領域生產者與創作者，讓大家對屏東潮州的地方飲食文化與美學有不同的體驗，幾次下來，大多數的參與者從外地慕名而來的客人，變成原本只是觀望的在地人，接著陸續來了共學團體，甚至是學校的家長志工邀請我們參與食農講座。收到最有趣的心得，莫過於：「我是潮州人，卻不知道潮州有這麼多有趣的人與事！」

自帶光芒的美好原味，要勇敢的走出去！

藉著面對面的試吃推廣增加口碑聲量、強化與顧客的溝通、不斷精進品質、深化品牌與在地的關聯性，這幾點，讓我們成功打破地方的傳統產銷結構，獲得足以使我們永續經營的支持與認同。

光山行

跟上前代光榮，續寫漆藝新頁

文字—李佳芳　攝影—施清元

與光山行第三代賴信佑相約在老家，是棟位在台中東區的雙拼老透天，掛了兩張門牌有兩個大門，一個往私宅，一個往工廠。這棟房子是他阿公，台灣漆藝泰斗——賴高山所設計，那正是昔日聲名響亮的「光山漆器廠」所在，也是台灣漆藝史上最不能遺漏的中心位置。

1 賴信佑在老家二樓創作，正為燈籠批底土、準備上漆。　**2** 老家角落的打磨區，牆壁噴滿了點點色彩，都是漆的累積。

走在偌大的屋裡，早已經移除沙發家具的客廳，改成「賴高山藝術紀念館」，其餘房間到處堆積作品與工具，感覺不太有生活的暖意與細節，甚至連開著日光燈都有點森然。

幸好，賴信佑是個幽默的導遊，他指看老房子獨特而荒謬的設計，地上有被封印的水井，天上有加蓋的天井，以及被抽乾的小水池，原本是閒情逸致的造景。樓上還有洋派會客室，有一座從來不燃的壁爐，並附設那種有倒吊玻璃杯的老派吧台，「屋頂還有游泳池，印象中從沒放過水。」現在看來，各種的不合時宜，卻是漆器致富人家開過眼界、見過世面的證明。

看畫家道興衰的漆藝貴公子

　賴信佑阿公賴高山出生在日治時代1924年，13歲進入「山中工藝美術漆器製作所」改制成立的「台中工藝專修學校」，因為表現優異被保送至東京藝術大學深造，回國後活躍於藝壇，成為漆藝大師。1963年賴高山創立光山行，招收徒弟專製高級漆器，期間培育學生不勝枚舉，連自己兒子賴作明也在栽培下，送往金澤美術工藝大學，回國以漆藝術家身份出道。

　賴信佑講起記憶中的家境，阿公與父親經常出國、到處參展，當有某某大老闆來時，阿嬤與媽媽就會煮咖啡招待，喚他和姊姊出來彈琴、唱歌娛樂大家。「我只知道阿公是畫家，父親是藝術家，他們都在做一些看不懂的東西。」但只要阿公要他和姊姊幫忙貼螺鈿或蛋殼時，就代表會有零用錢可以拿。

　賴信佑說自己小時候很像《哆啦A夢》裡的小夫，當大家迷《金剛戰士》的時候，他炫耀自己「早就看過」，而且看的還是日本正宗《恐龍戰隊獸連者》，不是授權美國「那種盜版的」。

　在傳統工藝普遍衰微的大環境下，光山行靠著長久以來與高端市場建立的關係，以及「賴高山」大師名號的加持，一路撐到了千禧年。未料，一場金融風暴打壞藝術市場，緊接著賴高山撒手人寰，人情冷暖的現實馬上襲擊這個家。賴信佑形容自己是「漆藝貴公子」，

2

自嘲語氣掩不住家道中落的淒涼。

傳承路上溜走的第三代

來到從前氣派的招待室，滿地堆置父親中風前，從美術館撤展回來的作品，這滿屋子像是用來給作品住的，人只是服侍工藝的僕人，很難想像從前的日子，是如何簇新、閃亮、熱鬧。

賴信佑媽媽說：「以前來這邊買漆器的都是商社老闆或經理級人物，像是日本車樂美（JANOME縫紉機）的社長，日本人懂得漆是什麼，買回去日本非常有面子。」從前漆是實用工藝，但因技高價昂，成了富人喜愛藏品，卻與常民漸行漸遠，並失去理解與接受度。

賴信佑重拾漆藝，一路並不順遂，充滿了掙扎。他雖從小自帶光環，卻未被積極栽培，原因是從前工作應接不暇，也不缺弟子來學，所以長輩從未想過傳承這事。直到他高二暑假那年，光山行終於面對轉型，向政府申請傳習計畫，當時賴高山以「名額有剩」的理由叫他參加。

去了之後，他才發現這是陷阱。「他們把全套技法全倒給我，學完也開始把工作丟給我。」如同栽培父親這般，阿公也計畫把他送往海外學藝術，但這一切都在阿公逝世的那刻戛然而止。叛逆期的賴信佑正好順了心去唸電影，從規劃好的路上溜走了。

退伍後，賴信佑一度回家，但許多觀念與父親不合，在幾次激烈衝突之後，賴信佑索性自立門戶，一邊在勤美誠品打工，一邊斜槓接漆器訂單。但他不懂藝術市場的水深，很快就賠光存款，最後只好去面試上班。

一則廣告打醒家業已斷

結束有一搭沒一搭的日子，賴信佑並不傷感，反而很輕鬆雀躍，「每個月領固定薪水簡直是蜜糖毒藥，我終於有辦法存錢，終於有辦法買iPhone了！」在職場流浪了五年多，賴信佑對上班樂此不疲，漸漸快忘記自己是誰。

直到有天他翻開報紙，看到「世紀蓬萊塗」台灣百年漆藝特展

1 家裡遍處是漆藝，阿公留下的作品，以古樸色調見聞。 **2** 漆料不似現成顏料，無論底土或色彩都得自己調和才行。

1 偌大的房子從前是弟子滿門，現在只剩賴信佑與父親使用。
2 漆藝無法偷吃步，每次創作都得從最基礎的功夫開始。

的宣傳，發現提到阿公的版面竟小得可憐，昔日人前人後逢迎的泰斗，現在只是印刷品上，一個簡單帶過的名字。

他想起產業衰退之後，阿公與父親卻勞作更勤，父親老窩在地下室，只有吃飯時間才出現。以前賴信佑總是不能諒解他與阿公為何要如此，學校活動從沒出席，感覺不太關心家裡，連兒女長到幾歲都不知道。

有陣子賴信佑處在職涯低潮期，工作上出了大包，不只升遷夢碎，還從店長降職到基層，也打回最初的低薪。在沉潛的日子裡，賴信佑卻也想通，正是因為漆藝曾有過輝煌，阿公與父親才會如此拼命，「他們一心想要的，不過就是復興漆藝環境，哪怕百分之一也好。」

「我如果不接下去，他們人生四十多年的努力，好像就白費了。」他暗下決定，要回家。

1

2

為自己開出一條新戰線

從2013到2016年，賴信佑存了三年的本，決心再拼一次。在家產與資源用罄的情況下，光山行僅存當年父親為開發「一生一筷」所留下的數千雙漆筷，而他就帶著幾雙漆筷闖蕩市集，從擺攤開體驗課開始，為自己開出一條新戰線。

不久，在女友也是創業合夥人廖書瑋的幫忙下，賴信佑首次開發漆器飾品，從一枚結合金工的可動戒指，延伸到耳環、別針、時鐘，並以「ANOUKS」品牌走出有別傳統的格局。重組之後，光山行打開了與不同產業的跨界交流，特別是為了2020年東京奧運中華隊服

傳承
技&物

對賴信佑來說，不管阿公或父親的作品自己是否欣賞，這些被留下來的形體，對他都有某種程度受用。他開玩笑說，「我爸以前常跟我說，如果你走投無路，就拿阿公的作品去賣一、兩件，至少可以活一、兩年。」前人累積的資源是他可以在這個圈子裡豪賭、而無後顧之憂的本錢，「就像玩遊戲多一條命，但這一條命非常的珍貴。」

再者，阿公與父親在材料的探索上，為他建立強大的資料庫，其中有很多錯誤的嘗試，每次失敗都是一個借鏡，使他創業可以盡量避免犯相同錯誤，練成他現在的高容錯率，也鮮少做出失準的決策。

打造的金銀漆釦，就是相當特別的委託案。

扶植品牌不易，常常賺到了錢，又要馬上投入下一季的開發或展會上。賴信佑也坦言，實踐想像是快樂的，但要把一化為一百，重複勞動的時候，難免會陷入自我懷疑。創作與生產、堅持與妥協、理想與溫飽的拔河，至今仍是年輕工藝家最難跨過的檻。

偶爾回老家，媽媽不免擔心問：「你到底是撐得下來，還是撐不下來？如果真的沒辦法，就去上班吧。」很多人說，漆器產業走不出去，但從小習慣生活在迷宮似的大房子裡，賴信佑現在已不迷失。他知道，這世上只有這一份工作，是「非他不可」。

態度

（圖片提供：光山行）

自阿公傳下、引以為傲的千層堆漆技法，是完全不使用任何胎體，在玻璃上一層一層髹塗生漆，至累積到所需厚度之後，拿掉玻璃取得堆漆板塊，再運用切割、雕刻、打磨等技巧，完成各式器物。此技巧也被賴信佑運用於產品開發，飾品所用的「漆石」即是堆漆而成。

除了基本功或表現技法的訓練，賴信佑覺得阿公與父親給他最多的是「自由」，「我去日本看到傳承十幾代的漆藝家，他們很羨慕我們『說轉彎就轉彎』，即便他們知道這產業已在沒落，卻依然不能隨興所至去做。」

賴信佑媽媽形容：「他現在是『玩』漆，跟以前傳統『做』漆很不同，那過程是一種享受。」自由度正是他最大的優勢，他甚至用漆藝的基礎技法——金繼設計成推廣課程，「以前人覺得修破碗是很低下的行業，很多漆藝師都會金繼，但絕不會拿出來說嘴，但我把漆的觀念融入金繼教學，很多學生到最後就會來學漆藝。」一步步誘引，就像那時阿公對他設下的陷阱，是他壯大漆藝圈子的謀略。

技術

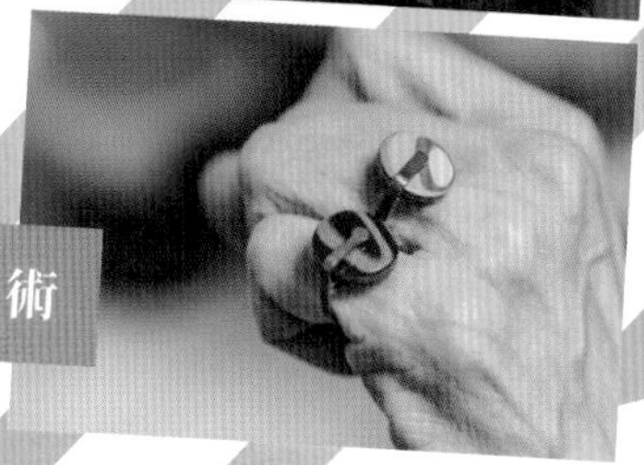

舊時印象

賴信佑拿出阿公的老照片，那是1916年的台中中區，日本人山中公先生所設立的土產紀念品店「蓬萊館」，一樓展售部後方用玻璃門相隔，裡頭為學徒製作漆器的工作場所「山中工藝美術漆器製作所」，阿公與同學們跪坐在榻榻米，身旁擺著小小的工具木箱，那是他對漆藝的最初印象。

賴信佑阿公是學生中少數自立門戶者，從中區遷徙到老家現址建廠，從阿公口中聽說當時的台中東區都是稻田，但自賴信佑有記憶以來，周遭地景就已是密集住宅區。曾經巍峨佇立在田中央的漆器廠，有許多徒弟與師傅，「但我爸從京都回來之後，阿公就把漆器廠解散，留下一兩個師傅幫忙，轉型做更高單價的佛教藝術品，那時候我大概6歲。」

如今，左鄰右舍也沒有與漆器相關的產業，大家都不太知道「漆」是什麼，好像這門歷史悠久的工藝就只有自家人懂。

重新返看

為了找回台中的漆藝文化，他與「河邊生活」創辦人陳明輝合作開設課程，也和台北教育大學合作，把工藝編寫成適合國中、小學生的教案，希望未來可以成為台中地區國中小美術工藝教育的內容，「台中是台灣漆藝的故鄉，但是地方國中、國小教材都沒有提到這件事，我想透過教育方式讓在地民眾知道這件事。」

現在，賴信佑不只創立商品品牌，也在台中西區成立工作坊，針對一般民眾開課教學，培養地方更多工藝人才。「我生在這個圈子，出發點比其他年輕人站的前面，我必須為他們多做一點事情，大家一起站在相同起跑點上，才能一起把這個圈子做大。」再回看阿公與父親所做的事情，賴信佑油然升起使命感，「他們在台灣的漆藝史上寫下自己的里程碑，我現在最重要的是跟上他們，寫下新的一頁。」

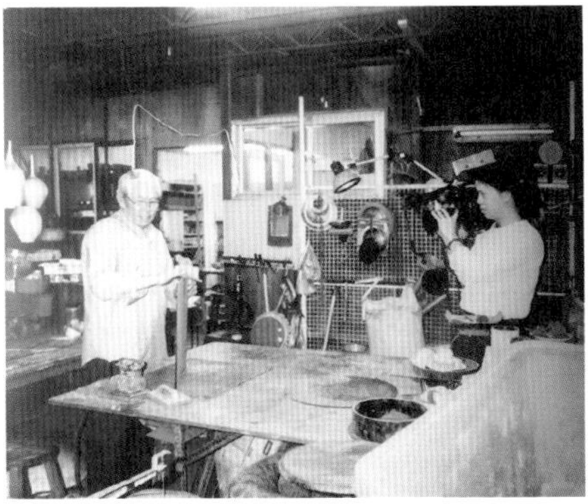

（圖片提供：光山行）

請問前輩，我想知道……

文字、圖片提供─楊子興　插畫─69

Q　家裡曾有消失的傳統產業，想重新開始該如何進行？

A　身為百年布莊「錦源興」第四代負責人，若你以為我從小在布堆中打滾長大，那你就錯了。

1923年，阿祖張相先生自台南神農街染坊開始，將家族品牌發展為日治與光復時期南部最重要的布料供應商之一。可惜不敵消費型態轉變，原先由親戚經營的布莊事業於2012年正式歇業。由於大學就讀設計科系，研究所畢業後便與同窗合夥創立品牌設計公司，在服務過各種客戶與專案後，發現自己對「創作」的熱情，始終無法被滿足。想起近百年的家族事業，是否有機會透過創意翻轉，於是在長輩支持下，2018年我以外曾孫身份開啟品牌轉型籌備之路。

曾經有人問我：「所有人對接班避之唯恐不及，為何你卻自願投入？」我回答：「因為除了故事，幾乎什麼都沒有了。」決定延續家族品牌時，第一步──評估既有資源，是我認為最重要的起點，雖然已無設備、廠房、技術等資源，但轉型也相對無包袱。尤其「百年布莊」故事太誘人，於是我花了一年時間進行訪談與搜集文獻，漸漸拼湊出舊有事業樣貌（未來的行銷資源）。除此之外，自我專長（內部資源）也非常重要。由於原先就從

楊子興

創業家、設計師、策展人與老師，認為創作不該受限於媒材，平面、產品、空間、服裝等各領域皆有接觸，作品曾榮獲紅點、IF、金點……等設計獎。現正努力以印花推廣在地文化，傳承家族「錦源興」百年事業。

事設計工作，所以很快決定以「印花」為主題發展。

重新開始還有另一前提：第二步——平衡與控管收支。身旁有些朋友以市集或販售文創產品為主業，但大多有副業，真要以賣文創產品自給自足，其實不容易。所以當初決定再續家族事業，也是兩個條件皆滿足才成立：有其他業外收入、每月營運管銷低。

由於身兼教職，偶而也接些演講、設計工作，就算兩年內都無法自品牌營運賺取薪資，依然可以生活。此外，也看過部分品牌一開始轟轟烈烈，結果撐不到一年就收攤，多是成本（管銷）出了問題。無論是固定成本或是變動成本，都得盡量控制在最低範圍。總之，經營前做好一年內完全無收入、還撐得下去的打算，是很實際的思考。

做好一年內完全無收入、還撐得下去的打算。

了解所有資源與收支前提後，第三步——設定精準行銷，也是很重要的一環。當初錦源興設定文青與觀光客兩種客群，於是透過多方聯名、展覽策劃與社群操作，盡力滿足受眾期待，產品項的開發與定價也是經過多次市場調查與成本換算後所得。當然營運過程中會一直調整，但看似簡單的4P、STP等行銷工具，若連這都想不清楚還進入市場，風險相對非常高。

我想說的是，文創背後其實沒有這麼浪漫，需多方理性考量再進行轉型和開創，才能事半功倍。最後還有一點補充：不要太龜毛。過往曾看過部分品牌創立初期過度講究材質、工法或視覺效果，花了很多時間與資金成本開發產品，甚至因此囤了大量庫存而被財務壓的喘不過氣。仔細想想，或許抓對時間點上市，遠比一開始就糾結在過多細節來的重要吧！

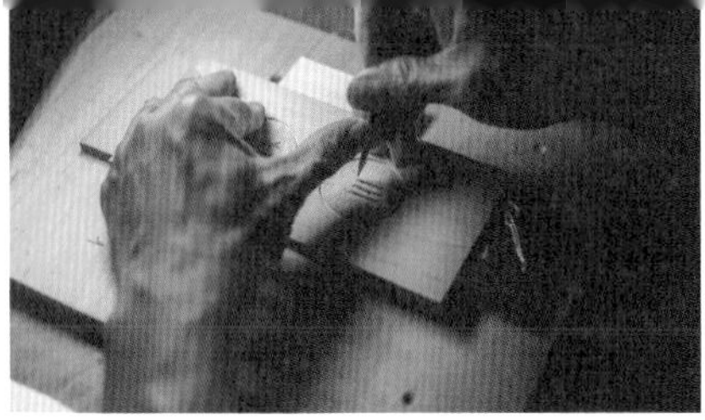

雕刻行裡的一家人

Letters from father and son

家業書簡

原本即將熄燈的傳統雕刻店，因為上下二代的相互理解、齊心協力，讓家人成了最堅實的轉型團隊夥伴，他們一起挫折、勞累、嘗試，正試著讓家業走成百年老店。在這條路上，我們邀請父與子二代，坐下來寫一封信給對方，說說心裡話。

文字—陳文才、陳希彥　圖片提供—陳彫刻處

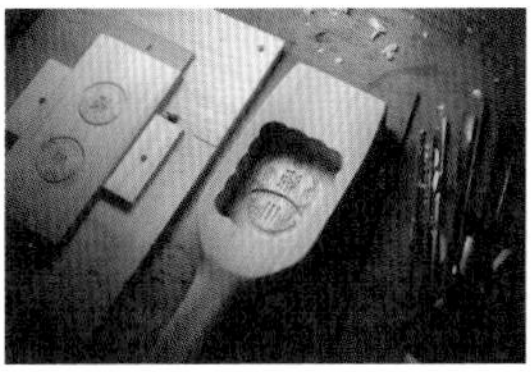

陳彫刻處

創始於日治時期，至今已經九十多年，傳承到了第三代，卻也伴隨著台中舊城由興盛到衰落。過去雕刻傳統物件，是關於信仰和人情，現在刻劃的是生活樣貌，希望雕刻在這個世代能再次綻放，讓工藝在生活扎根。

老爸得再粉墨登場，盡些該有的角色與
責任，雖會辛苦些，只要不太累，我都願意
和一家人攜手連心，並邀天上的媽一起
延續未完成的志業，把陳彫刻處的
家業朝百年大計邁進。加油！

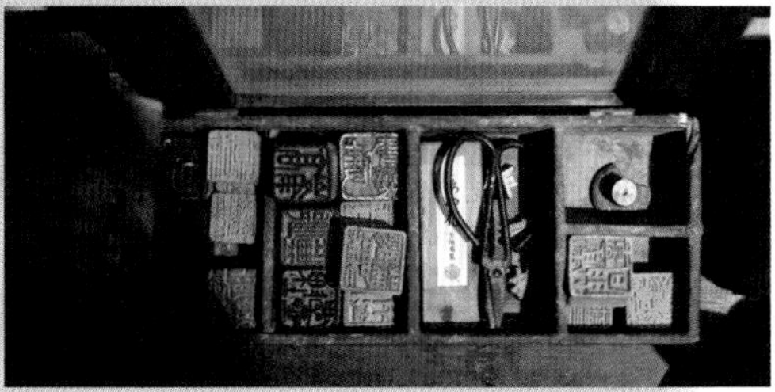

老爸 才
2020.12.31

兒子

店裡改造眨眼六年过去了。在送舊迎新的年末更有感觉。有你媽在時就有的進行式她卻半途退了場，而我们依然持续往既定共識方向邁步而行。

经过無数次的小爭執與挫折終究步上了軌道。由於你倆夫妻的同心協力用盡心血，才有如今的小成果，實難能可貴啊！有累的時候（已七老八十的我，同儕们已几乎都退休、含飴弄孫遊山玩水去了，幹嘛還得這麼的勞碌）偶而心裡這樣想着也會对你们有所抱怨。由於你們的努力，這麼傳產的夕陽手工業，竟然媒體也來採訪，跟学校與学生们亦能互動交流和傳承。讓原想熄灯關門的陳彫刻處終就見到一線曙光與希望，被卸掉的舞台既已重建

father
son

son

father

榮，應該算是無愧於他了吧！」。

因為這是您和我过去都未曾想过的事，您希望我們可以有不同的人生，我也不曾想过有天會接下這間雕刻店，但听到您這麼說，其實內心有种莫名的感動，覺得被肯定之外，更覺得自己做了正確的決定，雖然我當下沒有特別說什麼。

我和惠菁、予澄会繼續努力学習雕刻這項技藝，用傳承带来新的可能，您也要繼續教導和支持（以行動）我們喔！

期待我們一起刻劃陳彫刻處未来不同的樣貌，一起加油 ^^

2020.12.31

阿爸：

只想說…爸你辛苦了。雖然有点矯情，不過我好像就是會說這種話的人，哈哈～

謝謝您願意和我們一起讓陳彫刻處走到現在，因為您常說年紀大了，實在不想要太累，雖然我也覺得自己身兼數職也有些疲累，但努力迫切的想延續這間雕刻店的初衷和熱情，由於一家人同心，也讓我很樂在其中的感受著過程中的美滿。雖然每一件事不一定抱持著相同的想法和做法，還好我們最後也都能彼此理解，有共同的目標，做各自擅長的事，一起完成的感覺真的很好。

這些年我們聊过許多關於店裡过去、現在和未來的事，其中您對我說过最有印象的一段話，就是「如果阿公知道現在我們一起傳承著這間雕刻店，而且有現在的樣貌，他一定感到很欣慰和光

相生相尋：漫畫創作中的業、家與繼承

文字—周文鵬　圖片提供—尖端出版、東立出版社、蓋亞文化

《神之雫》／尖端出版

周文鵬

文學博士，大學教員，曾任創意工作室負責人、數位平台副主編。探討動漫故事與文化創意分析，研究多元載體的敘事和接受議題。30歲前，每天最少看五本漫畫；結婚後，每天最多看五本漫畫。

熱血繼與業

漫畫篇

INHERITANCE X COMICS

作為講究職人精神的國度，日本影劇、動漫中對「業」（ぎょう／ごう）的討論不在少數。如同《啟航吧！編舟計畫》中，辭典編纂案的主持人松本老師所說，這個字除了「工作」、「生計」的意思之外，也可以因為行為、報償等內在因果，解釋出類似「天命」的意涵。

固然，從謀生的角度來看，他口中「受無法割捨的念頭驅使而工作」的情緒並不容易理解；但說得白話一些，無論是誰，一定都曾體會過「甘願為某事嚴肅、認真地熬夜不眠」、「甘願在犧牲、付出中自得其樂」的心情。也許是書寫時推敲字句的拿捏，也許是創想時自我挑戰的思辨，也許是製作物件時究其毫釐的堅持，也許是操作技術時求精求準的執著。

如中文語境，職業、專業、事業、志業等詞彙意義的迭轉，這種不單純著眼於「上班」，不優先關注工時或薪酬，反倒因為看得懂門道、賞得出品質、識得清深度而更加自我要求的使命感，其實也如同「仕事」（しごと）的核心語

《神之雫》／尖端出版

意，在「就任於業」、「就位於務」的語感中，映照出從業者不只work，更須undertake的價值觀。

當然，構成生意的終究是商賣和交易。儘管如問道者般打磨技藝、以窮盡一己境界為傲的「自慢」（じまん）文化確實卓然也浪漫，但「家業」一詞背後的披荊斬棘，卻務實的與興衰、存亡互為表裡，猶如一場考驗歷代家主如何成就基業、如何應世權變，在經營間不忘先人及初心的浮世大戲。也正因為如此，如果把「傳承」、「繼承」分別視為「護持守成」和「發舊揚新」，那麼不難發現，從1980年代迄今，日本漫畫至少發展出了三種處理家業主題的方法。

以《夏子的酒》為代表，早期「家業」題材的作品往往與職人劇有所重疊，嘗試以劇情包裹厚重的技藝論與精神論，對大眾剖析該行業不只勞務、知識的種種意志。例如「和釀良酒」（わじょうりょうしゅ）意寓著群策群力、風物相成、人我互惠的共好思維；例如酒廠（酒造，しゅぞう）既是生產者又是銷售者，必須找出自己看待添加酒精、米糠製酒等非純釀工法的態度；例如稻米既是農作又是商品，栽種者必須自問本務與收益之間的平衡；例如釀酒既是製作又是創作，業者、領班（杜氏，とうじ）必須擁有流程以外的共識；例如釀酒員（蔵人，くらびと／くろうど）既是工人又是匠人，如果不

「業」這個字，
也可以解釋出類似
「天命」的意涵。

是因為一份責任於技、藝的癡狂，每到冬季就得離家半載的工作模式，其實並不容易教人年復一年的投入……劇中以兄長遺志為引題，藉女主角回鄉為家族酒廠復育酒米、學習專業、釀成新酒的過程，帶讀者穿行在傳統文化的信念和處境之間，與角色一同思考「與時俱進」的真意。堪稱相對完整的本格派內容。

有趣的是，由於整合資料、議題、詮釋、劇情的處理方式必須兼顧多種維度，更加常見的「家業」表現，其實是放大職人劇色彩、側重於知識展示，或藉其他要素烘托故事張力的半本格派手法。例如雖

然也刻劃料理文化與職人生活，卻以競技、對決為主軸的《將太的壽司》；描繪水產市場業態，同時更往海鮮品類、烹調集中篇幅的《築地魚河岸三代目》；反覆演繹品酒儀式及意識，彷彿藉大量葡萄酒資訊為讀者推薦酒單的《神之雫》；以及每回都畫出不同日式甜品，然後再以修業情節、純愛故事串起沿革、技術、滋味等複合化介紹的《鹿乃子*和菓子》。

最後則是進一步削弱文化論與形上論的設定派。例如《食戟之靈》中，男主角雖然無時不以食堂第二代自居，但劇中不僅較少深究料理、餐廳的核心價值，小店本身「大眾化」的內在屬性，也僅點綴出一、兩道顛覆「精緻」觀念的創意菜式，並未連接出系統性、詮釋性的審美邏輯。也例如《棒球大

「家業」題材的作品，往往與職人劇有所重疊。

《王牌至尊》／東立出版社

《真白之音》／東立出版社

《食戟之靈》／東立出版社

「繼承」貴重的事物，在當代煥發不曾有過的精彩。

聯盟》的茂野吾郎、《HUNTER × HUNTER獵人》的小傑，分別都把特定身份／專業視為與父親之間的羈絆，這類作品往往僅以「家業」為角色背景，而更少針對行業背後的理念、議題進行挖掘。相較之下，《王牌至尊》雖然不是旨在描繪「子承父業」的故事，但男主角輔佐的政治家第二代，卻多次在並不吃重的戲份中提出時事觀與政治觀，令作品別有一番蘊藉。

事實上，儘管本格派家業故事

《鹿乃子*和菓子》／東立出版社

《HUNTER x HUNTER獵人》／東立出版社

多與職人劇一體相生，似乎處處標榜恪遵古訓、襲之循之的「傳承」概念，但物質環境、社會風氣等外在條件的遷化，卻終將帶給局中人更多丈量自我的契機，直到迎來變與不變的抉擇。

透過一句「發現自己發出很歹聽的聲音前，不可以彈奏」的遺言，《真白之音》中津輕三味線名宿的辭世，令原本「想化身外公琴音」的外孫男主角，頓時失去長年仰望的背影，被迫重新確認自己與樂音之間的關係。然後發現，原來過去習以為常的一切，早已帶著更多未被察覺的體會，揉合成生命中最值得珍惜及分享的部份。於是一度在心境上遠離弦錚的他，反而從波折中找到了前進的方向，就此堅

「傳」與「繼」，更像是設法找出區分策略的標準。

送葬協奏曲© 韋蘺若明／蓋亞文化

無名歌© ROCKAT搖滾貓／蓋亞文化

毅地邂逅人與世，追尋屬於自己的「聲」和「生」，形同從前人手中「繼承」貴重的事物，被期許以嶄新的面貌，在當代煥發它不曾有過的精彩。

儘管職人劇仍在漫畫譜系中佔有一席之地，但隨著讀者喜好轉變，深入家業命題，更以傳承、繼承為經緯的論述型創作，近年

神之鄉©左萱／蓋亞文化

已相對稀有。所幸，即便只以本土作品為範圍，如《用九柑仔店》、《神之鄉》、《無名歌》、《巧藝奇緣》、《送葬協奏曲》般講述職業故事、回鄉故事，進而引出人文意識、價值省思的作品，目前在台灣漫畫中並不罕見。

「便利商店24小時確實讓人便利，但是柑仔店是可以給人方便。」

或許，就如同《用九柑仔店》中，男主角從鄉親口中聽取的道理一般。所謂「承」，其實只是「能否從舊事物得出個人理解」的差別；而「傳」與「繼」，則更像是設法找出區分策略的標準，在進退間有所自持。

以業適志，以家長心。

無論虛構或真實世界，不也都是如此嗎？

巧藝奇緣©LONLON／蓋亞文化

日劇的技藝，韓劇的王冠

文字—重點就在括號裡　圖片提供—KKTV、Netflix

《下町火箭》／KKTV提供

《愛的迫降》／Netflix提供

重點君

時常不務正業，座右銘為村上春樹的「只要十個人中有一個人成為常客，生意就能做起來。」現經營FB粉專「重點就在括號裡」。

熱血繼與業
戲劇篇
INHERITANCE X TV SERIES

日本的職人精神近似信仰，讓尋常的事物及小細節，昇華成藝術。

2020年，台灣影視不因疫情受打擊，除了國片佳作不少，台劇方面也有許多引起熱烈討論的作品，《想見你》、《誰是被害者》、《做工的人》到近期的《返校》影集版，都有不錯的成績。但2020年收視率最高的台劇，其實不是黃雨萱的伍佰之「回到過去」，也不是鐵工兄弟悲喜劇，而是公視以「閩南語週間電視劇」推出的《我的婆婆怎麼那麼可愛》，完結篇收視率甚至高達5.55%，創下公視開台有史以來的最高收視（包括超越2019年熱門作《俗女養成記》及和HBO共同推出的《我們與惡的距離》）。

《下町火箭》／KKTV提供

家庭喜劇《我的婆婆怎麼那麼可愛》的切入點很有意思，丈夫因故早逝而和婆婆合不來的可愛媳婦，因緣巧合，繼承丈夫的家業，也變成重建婆家傳統糕餅店事業「珍賀齋」的推手。在戲裡，婆婆代表了傳統，而媳婦則是新時代的做法與價值觀，在《我的婆婆怎麼那麼可愛》裡可以看到兩者之間的衝突及磨砥，都以輕鬆方式講述台灣日常生活的嚴肅議題（婆媳關係、家族分家），能因此打動許多台灣觀眾，其實不意外。

而繼承家業這樣的主題，不只台灣，在亞洲各國的電視劇其實也是常見題材，如近年來針對繼承家業，發揮得最廣為人知的日劇，是改編自池井戶潤的同名小說，在2015年由阿部寬主演的《下町火箭》。

故事講述原是日本宇宙開發研究中心研究員的主角佃航平，在一次火箭發射失敗後辭職，回鄉繼承父親遺留下來、製作電子零件的「佃製作所」工廠，但他並沒有放棄自己當時的夢想，透過七年努力，將小工廠擴大規模成為研發製作曳引機引擎的中小企業。後來，佃製作所甚至有了專門研究火箭製造的部門，並突破當年失敗的技術瓶頸，隨之而來的是接連不斷的專利權問題、併購、大企業壓迫，讓佃航平在追逐火箭的夢想掙扎著，這些過程《下町火箭》以相當熱血的方式，呈現出日本的「職人精神」。

專注擅長的領域，嚴謹，不躁進，注重每個細節，持續精進自己的技藝——不是技能而是「藝」；簡單純粹的技術做到極致，做到頂尖，便是藝術。當然，在追求極高境界的路途上難免有著各種挫折，但日本的職人精神近似一種信仰，不只是謀生賺錢，而是努力全心投入，讓看似尋常的事物及小細節，昇華成藝術。藉由職人精神講述高科技航空精密企業的《下町火箭》，除了讓池井戶潤拿下日本文學最高榮譽之一直木賞的肯定，由阿部寬主演的電視劇版本，也榮登該年年度收視冠軍。

回鄉繼承，不單單只是一成不變地接下舊有事業，而是深知一生懸命的傳統職人精神，需結合新時代學習到的技巧及知識，融入既有產業裡，這是日劇中較常著墨的地方。

一如，2016年編劇野木亞紀子改編漫畫《重版出來》的電視劇裡，第七集，漫畫家三藏山龍的首席助手沼田渡，當了二十多年助手，始終沒有出版過自己的作品，認為只是缺臨門一腳，但當他了解並不是缺乏機會，而終於認知自己是個凡人時，他終於能夠下定決心放棄。於是，他回到家鄉，接下家裡的釀酒事業，鏡頭中店裡擺放的宣傳照，正是他那畫技精湛的自畫像——雖然離開漫畫產業，但他仍然沒有放棄熱愛漫畫的那顆心。

也像宮藤官九郎在2016年執筆的《寬鬆世代又怎樣》裡，男主角坂間正和在全劇的最後，選擇辭去連鎖串燒店企業的工作，與哥哥共同接下家傳的「純米吟釀」清

《重版出來》／KKTV提供

> **將傳統職人精神，結合新時代學習到的技巧及知識。**

酒事業，原先就熟稔串燒店工作細節的正和，為連鎖串燒店量身釀了一款「寬鬆之民」清酒，也算是他在家傳產業裡做出的第一步變革。

不過，若此對照，在日本對岸、娛樂產業發展一樣蓬勃的南韓，對於同類型主題，顯然並不特別著墨在技藝的傳承，更接近香港在1980、1990年代風行的商戰劇，透過描寫爭奪家產及權力來讓整齣戲高潮迭起。

2013年的韓劇《繼承者們》，雖然核心在於描繪富家高中生們愛情與友情的青春偶像劇，但這齣戲的全名也說明一切：「欲戴王冠，必承其重」，繼承者們在故事裡糾結著那頂沉重的「王冠」，身世血緣、恩怨情仇、利益掛勾——有如穿著西裝及洋裝的宮鬥戲。

《愛的迫降》／Netflix提供

不過，也不必說到數年前的韓劇，2020年兩齣知名度最高的韓劇《愛的迫降》與《機智醫生生活》，前者是愛情電視劇，但孫藝珍飾演的女主角設定，是集團會長的私生女，無故被捲入父親原配哥哥們的繼承權糾葛；而後者是職場醫療劇，不過在五位醫生主角裡，其中一位小兒科助理教授安政源是醫院財團之子，在他之前的兄長姊姊都放棄繼承財團，紛紛投入神職，而生性善良富有同理心的安政源，也想與兄姊一樣成為神父，卻因母親的壓力讓他遲遲舉棋不定。

這樣的取材，也說明了日韓兩地之間的社會差異，日本追求的是巧匠技藝，而韓國則是財團的商業鬥爭——現實世界中，2020年韓國三星集團會長李健熙逝世後的繼承官司，可能會比許多韓劇來得更為精采。

無論日本或韓國，都有強烈且高壓的群體意識，藉由這幾年的電視劇便能觀察到日本的繼承家業，

《機智醫生生活》／Netflix提供

《機智醫生生活》／Netflix提供

是將重心放在「破舊立新」，而韓國則是利用繼承設定，反映現今勢可敵國的財團風氣——某種程度來說，這可能也是日韓兩國，之所以強大的原因。

韓劇中高潮迭起的商業鬥爭劇情，反映社會現實風氣。

在一處剛剛好的地方，理解自我

從青春正盛到年過三十，從樂團主唱到植物手染，再一路進入探索內在的瑜珈練習。兩回合的育兒經驗，兩個版本的人生，而宜蘭這塊土地所滋養的，是成就越益通透的自我理解，以及一顆逐漸貼近土地的心，與此同時也替我揭序了將來野地生活的前奏曲。

文字整理—李盈瑩
攝影—陳星州

Another 移住者告白 Life

告白者

陳亞萱

2013年移居宜蘭，育兒之餘也投入植物染及瑜珈教學，目前經營手染品牌「月升」與「茉落 FLOW」瑜珈教室。

學生時期因為當時的男友考上台北學校，為了能繼續留在台北，我選校不選系，就迷迷糊糊念了師大的公民教育與活動領導系。那時候對本科所學提不起勁，便跑去選修國文系的中國哲學與莊子思想，才突然像找到知音，精神上受到啟發，開始想投入自己真正感興趣的事，掌握自我的人生，於是開始與外校朋友組團、擔綱樂團主唱。回想起喜歡唱歌這件事，可以追溯到幼稚園時期，我總是一邊吃飯一邊大聲哼唱八點檔的歌曲，常被我媽念吃飯不好好吃。

因為熱愛音樂，還在念書時我就在Legacy工讀，離開學校後也待過樹樂集、Shutter等表演空間當企劃，閒暇時就持續與朋友組團，那時候我們常到團員阿丹位於宜蘭的老家練團，而阿丹後來也成為我的第一任丈夫，開啟了我移居到宜蘭結婚生子的生活。

25歲遷居宜蘭前，我是在台北出生的，當時爸媽一個從事樣品打版，一個是專業的車縫師傅，但就在我出生前幾年，一場大水將爸爸位在河濱的樣品室淹沒，許多機具與布料毀於一旦，於是父母舉家搬回爸爸彰化芬園的老家，做起麵攤小本生意，我還有印象自己小時候會像隻吉祥物一樣在店內穿梭，幫忙端菜。

直到我上小二，因為北部有不錯的工作邀約，父母再次舉家搬回台北，我就這樣一路在台北住到成年，因此婚後移居到宜蘭的前幾年其實不太適應，加上當時同齡朋友都還像以前那樣，過著多采多姿的生活，我卻在異地被育兒瑣事綑綁得動彈不得，在心智不夠成熟的狀態下，我常希望自己還能繼續擁有那樣的人生。

談起那段灰濛濛的時期，由於長時間待在家帶小孩，幾乎沒有社交生活，日子過得幾分抑鬱，直到孩子稍微大了些，我開始到宜蘭賣

慶幸自己還有能力可以「給」，而那份「能夠給」的感受，對當時的我十分重要。

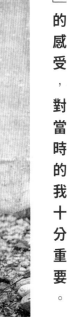

捌所打工，還記得因為封閉太久，上班初期與人對話、接觸都會緊張，還好後來認識了幾位磁場相近的朋友，就沒這麼寂寞了。

打工的同時期我也開始嘗試染布創作，當時阿丹投入天鼓製作，我們覺得植物手染與這個樂器的聲音質地應該很契合，於是我著手接觸植物染，並找爸媽討論車縫與布

包結構，希望設計出專門攜帶天鼓的斜背包，也因為這份契機，後來慢慢接到一些訂單，我就辭掉賣捌所的工作，專心染布與育兒。

只是當時我們的婚姻有些狀況，幾個重複出現的問題難以解決，最終仍走向離婚。分開後，我獨自在宜蘭市租了一處空間，除了開設染布工作坊也跑永和社大授課，與此同時，我還觀察到宜蘭的藝文消費人口不像都會區這麼多，因此另外考取瑜珈證照，用不同的斜槓領域來降低市場風險。

雖然那兩年獨自在宜蘭的生活，內心常會感到脆弱，彷彿整座城鎮就自己孤身一人，但實際上，我好像是藉由這個機會在宜蘭扎根，無論是染布或是瑜珈教學，我都慶幸自己還有能力可以「給」，而那份「能夠給」的感受，對當時的我十分重要，直到現在偶爾想起那段孤獨卻深刻的時光，仍會帶給我許多能量。

歷經那段時間的自我沉澱，後來透過樂團圈的朋友介紹，我認識了現在的先生。他在台北從事室內裝潢，而我們兩個對生活的想像都比較貼近自然，因此在租屋網一看到這間房子，就決定移居礁溪。

這間透天老屋的前方是座魚池，裡頭有房東昔日放養的魚苗，現已長成肥滋滋的大魚；後方有塊小小的雜木林，我們計畫日後在林下養雞；老屋側邊還有一排覆蓋著青苔瓦片的豬舍，我先生將原本凹凸不平的水泥地面重新灌漿，目前作為他的木傢俱工作室，將來我們還想在這裡舉辦小型演唱會與市集，這一格格的豬圈就是攤位。我覺得住在這塊土地上，好像很多想做的事都會自然而然冒出來。

老屋側邊的露台是我的染布空間，一旁房東之前栽種的福木與七

住在這塊土地上，好像很多想做的事都會自然而然冒出來。

里香就是我的染材，最近還迷上做捲染，也是採自土地上的果樹與香草，讓圍巾印染芭樂、龍眼樹、芳香萬壽菊的天然葉形。在這裡生活，身旁所及盡是豐沛的動植物與盎然的生命力，常讓我感到滿滿的blessing！

搬來這裡，會很明顯感受到我們與環境是相連在一起的，比如早晨開門時一尾大蛇從腳邊溜過，我也曾在附近散步時遇到野生的白鼻心，又或者在春耕期間，可能因為臨田農藥，魚池突然出現大量魚隻翻肚，我們得划船到池面打撈、將魚屍埋葬。在這裡會練習到與環境中的各種生命相處，大至看得見、摸得著的動植物，小至廚房要用什麼樣的清潔劑才不至於影響魚池生態。

談到實際的生活開銷，這座老屋與周邊的環境腹地，租金一共兩萬六，對照台北隨便租個工作室就要三萬多，我們覺得這是能夠負擔的價格。作為宜蘭的移居者，我覺得只要保持原本在都市打下的基礎，不要斷了過往的累積，事業版圖可以往上延伸至台北、往下至花蓮，而這些移動的時間成本若對照美國動輒幾小時的計算單位，其實都不構成問題的。

剛搬來礁溪沒多久，我就發現自己懷孕了，然而我們很快有了共識，決定用「居家溫柔生產」的方式來迎接女兒。因此分娩當下，除了一旁有專業的居家助產士陪伴，女兒是由我自己接生出來、由先生

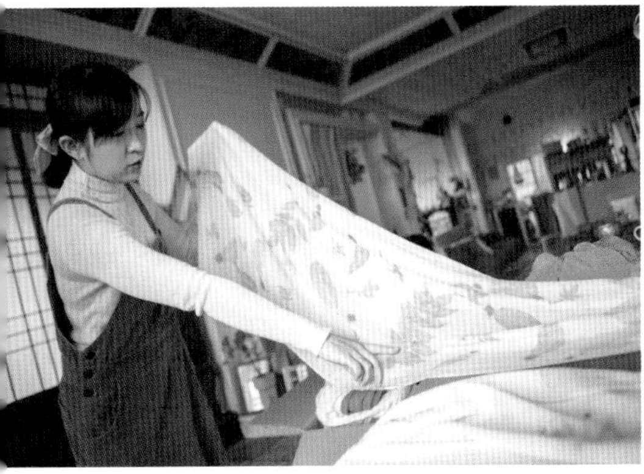

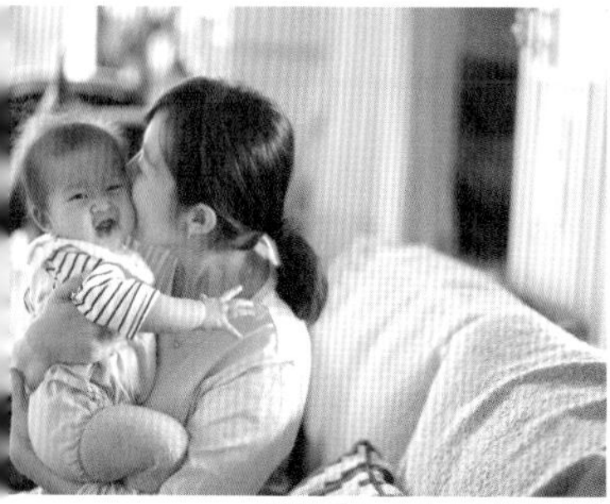

幫忙剪臍帶。我想會有這份嘗試，可能是這個地方、這塊土地帶給我們的安全感與支持度有關。

回想七年前在醫院生子的經驗，妳會經歷剪會陰、環境中各種吵雜的聲音，還有護士會用力壓妳的肚子，一切彷彿是醫生告訴我怎麼做，就完全依照指示，自己是沒有選擇權的，也絲毫不知道要爭取什麼。加上當時選擇施打無痛分娩，我盯著儀器上起起伏伏的宮縮頻率，明知道此時此刻寶寶她正在努力，我的身體卻什麼也感受不到、無法和她同步，那種感覺就像是我待在屋子裡，看著外頭風吹雨打卻與我無關，一切都過於置身事外了。

再一次懷孕，我很確定自己不想再經歷那段歷程，因此讓女兒在自家二樓浴室誕生，而產後的胎盤則被埋在屋後的大樹底下，我們用這個方式與大地連結，以此獻給保護我們的地方。

對照二十幾歲初次的育兒經驗，如今年過三十，人生再一次有了新的家庭與寶寶，我好像也透過這些年的經歷加總，緩步走向成熟。於是這一回不再像初次的育兒狀態那般匱乏無助，我逐漸體認到自己與寶寶都是獨立的個體，我充其量僅是帶她來到這個世界上的人，等她慢慢長大了會開創自己的人生，我們要保持健康、相互扶持，而非成為彼此痛苦的羈絆。

關於未來的想像，我們打算在宜蘭再待五至八年，下一站預計前

像是一處介於文明都市與自然曠野的地方，一處剛剛好的地方。

往台東。我爸是彰化人，媽媽則成長於台東長濱，在我小時候的記憶中，每逢寒暑假，總是有位親戚會負責拎著我跟表哥表姊從台北搭車回長濱，然後外婆就會帶著一票屁孩上山下海、去溪邊、去田間。這幾年媽媽從台北正式返鄉定居，我們之所以決定將來要遷居台東，一方面也是希望能夠就近陪伴她的晚年生活。

但我們也明白，台東是一處更野、更原始的地方，那是一塊需要與蜂、與蛇、與萬物共存之地，需具備更多的技能，野草會一直長，也需要更勤快的勞動才能運作生活上的各種面向。我們深知現階段的自己尚未準備好，而此刻的宜蘭就像是一處介於文明都市與自然曠野的地方，一處剛剛好的地方，讓我們能在此小練一番。

再加上我與先生都還有前一段婚姻各自的小孩，現在每逢週末孩子們會來這裡度假，這片土地正好提供了平常身處都市的孩子們，一處能夠自在探索的鄉野環境。或許再等個幾年，當孩子都大到能自己搭車來台東找我們的時候，就是前往人生下一站的時機點了。

汕尾漁港的
廢棄修船廠

2012年底，為了了解出海口河沙淤積和布袋蓮堵塞航道問題，在高雄沿海漁村踏查時，走到最南端的林園區汕尾漁港，這座漁港就位在高屏溪出海口北側。印象中，在視野遼闊、空曠的出海口，矗立著一座突兀高聳的鐵皮修船廠，這棟鐵皮建築緊鄰著林園大排。

隔八年，重返汕尾漁港尋找修船廠，在灰濛蕭瑟的冬日站在漁港堤岸回望汕尾漁村，背景依舊林立著石化工廠的煙囪，煙囪仍冒著40年的白煙；出海口淤沙問題依然嚴重，甚至影響到漁港出入。而當年那座結構完整的修船廠，鐵皮外殼已被海風吹落，如今只剩單薄的鋼骨結構，宛如一座玻璃屋般的大型溫室。

盧昱瑞
高雄人，畢業於台南藝術大學音像紀錄所，以捕捉影像為志業。2005年開始拍攝紀錄片，題材大多圍繞在海港生活的人，偶爾也關注老房子和文化資產等相關議題。

船在陸上建造好後，會從船塢下水進海，航行使用一段時日，就需要返回陸地整修粉刷，因此漁港周邊都有修船廠或曳船道等產業。這間鐵皮鋼構修船廠屬於曳船道設施，有兩個寬度不同的滑道，提供不同噸數的漁船上架整修。整座曳船道設施約45公尺長，24公尺寬，建築體約10公尺高。整體建築以H型鋼作為桁架組立，兩側和中間各有六個水泥基座，並以六組山形屋頂鋼架和左右各四根橫樑，來組構大跨距的棚內空間。在沿海空曠地區，這間接近正方形的鐵皮屋應該相當牢固，但安裝在外牆和屋頂上的鐵皮，就難以承受夏季颱風和冬季東北季風的吹襲了。

在漁港四周細究這棟已無鐵皮的鐵皮屋時，引來海巡人員的關心。「這間修船廠已經很久沒用了，航道淤積後漁船就很難在這上架整修，都改去其他修船廠上架，現在港內也無法停泊漁船了……」，他們補充說明。原來河沙淤積的問題多年未解，使汕尾漁港喪失泊船功能，但失能的漁港卻意外成為招潮蟹的復育沙洲。

以前這裡的紅樹林是招潮蟹主要棲地，但八八風災後棲地流失，導致招潮蟹族群減少許多，這三年因內港淤積形成泥灘地，反而變成優質棲地，招潮蟹數量恢復到上萬隻。過去汕尾漁港的相關新聞，多是石化工業茶毒或淤積汙染等負面消息，但近年來林園愛鄉協會致力推廣在地人文與生態保育，讓人有機會認識到更多元

的林園風貌；為了活化漁港，汕尾國小也積極推動風帆、獨木舟等海上休閒運動，讓汕尾逐日轉變成著重生態保育的休閒漁港。

座落在出海口的修船廠，因航道淤積而閒置，漁港為了轉型而必須尋求新契機。位在法國西部羅亞爾河畔的南特島，常被作為海港城市轉型的正面案例，南特曾是西歐黑奴貿易的重要通商口岸，因此累積巨大財富，後來隨著交通發展成為法國西部重要的工業中心，造船業亦十分發達。但1980年代末亞洲逐漸興起，間接影響到南特造船業，1987年南特最後一家造船廠關廠，宣告長達兩個世紀的造船歷史結束。

2007年兩位藝術家François Delarozière和Pierre Orefice，以藝術創意打造出國際知名的南特機械島，高度善用廢棄造船廠和結合傳統造船技術，創造出令人驚豔的機械大象等巨獸，並融入南特科幻小說家Jules Verne的想像創造出機械海洋生物的旋轉木馬。南特機械島活化了荒廢多年的造船廠，引入觀光人潮，成了當代城市去工業化轉型成功的典範。

雖是同樣的鐵皮鋼構修（造）船廠，環境條件和命運卻有著十萬八千里的差異，他山之石不必然都值得借鏡；看著後方石化煙囪仍吐著白煙，林園大排依然汙濁，漁村裡的牆上四處有著鮮豔的彩繪……如果不久的未來林園石化廠也閒置關廠，或許那才是真正轉型的契機吧！

推動正向思維，成爲喜歡自己的孩子

雲林．拯民國小

黃怜穎
寫字、採訪、編書，也做美術編輯。從台北回到台南工作生活練台語，喜歡以文字和影像觀察事物的連結，喜歡廟宇、咖啡和閱讀，深信「書可以帶你去任何地方」。

1 校園裡的龜型防空洞記憶著歷史，成為孩子體育課和下課時光的陪伴。 **2** 校門口一進來是馬纓丹大道，中間種馬纓丹，兩旁是高大的小葉欖仁樹。 **3** 見證這裡曾是空軍子弟小學的紅瓦老校舍。

在雲林虎尾的拯民國小，沒有升降旗，老師和學生一起進行「晨圈」、「夕圈」，練習以正向的語言肯定與感謝每個日子；班級不會選模範生，因為每一個人都同等重要，每一個人都可以是別人的典範；教室裡張貼展示的不會是誰的作品成果，而是大家一同在學習歷程中的討論和觀察；學期末除了評量結果通知單，另透過「品格成長卡」記錄自己和同學的看見，品格導師會書寫下整學期對孩子的觀察，因此收穫不只是學科分數，而是一整路的成長風景。

1 對教育現場熱情滿滿的林郁杏校長。 **2** 空軍特種任務組葉拯民紀念銅像，學校設立了介紹黑蝙蝠中隊歷史的光陰迴廊。 **3** 拯民位於已拆除的舊眷村建國三村，附近仍見得到過往痕跡。 **4** 兩幢平房老校舍逾60年的存在，現作為音樂教室、體育器材室、工具室等。

拯民國小附近一帶曾為空軍基地，拯民位於建國三村內，158縣道的文科路上，還見得到寫著紅字的建國三村矮柱，從眷村入口穿過一小段樹林，有種學校位在森林裡的錯覺。

校門口兩側的紅瓦屋頂校舍，校工大哥說已存在超過60年，和空軍將領葉拯民的紀念銅像、防空洞皆標記著前身為眷村子弟學校的歷史。對於校園的第一眼鮮明印象，除了紅瓦屋頂，再來就是「樹」了！兩排二十多棵高大的小葉欖仁樹，讓人忍不住在走入校門時，先大口呼吸。

用品格，從廢校危機的谷底攀起

現在的拯民國小是一所公辦民營、由誠致教育基金會辦理的實驗小學，2017年8月從大屯國小分校狀態轉為「KIST：拯民國小」，分校留下27個學生，短短三年多，現有111個孩子、14位老師和校長林郁杏，將美國最大公辦民營學校集團KIPP（Knowledge Is Power Program 知識就是力量）理念帶進拯民，校名前KIST字樣，即標示受KIPP原始核心啟發的台灣公辦民營學校：KIPP Inspired Schools in Taiwan；主張無論孩子出身如何，只要提供教育機會，藉由引導學習所需知識與品格，每個孩子都能在過程培養受用一生的安身力量。

每個年級一班，每班不超過20

1

2

人，從低到高年級以七大品格來作為班級命名，一年級是「好奇」班，二到六年級分別是「熱情」、「自制」、「樂觀」、「感恩」、「堅毅」，而第七個品格力「社交智慧」則成為老師辦公室的名字。

每天的上課場域實踐著思維的養成，班級教室外都立著一面小黑板，進門前即讀見導師想請孩子關注的思維。放上抱枕的情緒角落，孩子本身有很多尚待理解的情緒，透過設置軟性空間轉換、安撫自己。學習發展處主任陳珮樺介紹著空間巧思：「你會看到我們的布置都是學習的『歷程』，不會是一個『結果』。像是跟孩子討論什麼是安全，將討論出來的方法記錄在上面，因為『思維產行為』，所以思維要先教。」

當我們一起「晨圈」與「夕圈」

視聽教室裡，舞台上一面蓋滿金銀手印的牆，是孩子們登上「Show & Tell」的殿堂紀錄，每兩週一次、週一上午進行全校的「晨圈」，除了安排議題討論，例如去年12月前後，大夥討論如何改造全校最常使用的中廊空間，創造思辨的過程。還能上網預約參與Show & Tell，「完全都不限，有人對嘴唱，有人表演武術，有人轉魔術方塊、跳熱舞、彈鋼琴、打爵士鼓……各式各樣，我們讓孩子有一個可以為自己發表的舞台。」校長林郁杏說學校不會頒獎狀，但有很多方式可以讓大家一起看見你的努力跟展現。

這天，由六年級主持放學前的「夕圈」，羿涵舉手上台：「今天下午我們和來採訪的黃小姐談話，所以我要肯定自己和Jessie、卡蘿的『熱情』。」此時，全校師生揮動雙手以表達喝采！讓孩子練習以「肯定」與「感謝」的正向語言，連結七大品格，梳理一整天的在校生活，林郁杏也因而看見孩子的轉變：「品格力很需要的就是『成長型思維』，即正面的思考，從第一年就展開夕圈，我們肯定孩子的作為，讓孩子帶著愉快的心情回到家裡，絕對不會在夕圈指責孩子今天要反省什麼，沒有那麼大道理的。」夕圈鼓舞著孩子明天持續開心上學的動機。

週三下午是社團時間，有80個孩子留下參與社團，學校也允許自主安排一個空白的下午。特別的是，這學期的五個社團：合唱團、樂樂棒、籃球、足球和手作社，都是孩子自己提案申請創立的。每學期填寫提案單，可以自己一人發起，也可以找夥伴，還需通過校長面試。

擔任拯民親善大使的羿涵、Jessie和卡蘿都是轉學生，三人都在合唱團，回想以前的學校，只能參加老師成立好的社團，但在這裡，可以嘗試創造自己喜歡的社團：「這有點像讓我們自己創立一個企業的感覺，你要自己發想、要找誰、為什麼要這樣做，會做到什麼品格、幾年級去做是比較安全的……都要想過。」提案通過後，也可能面臨找不到社團老師、或因年級和人數限制無法選到社團等現實，但都是培養耐挫力的過程。

不只在班級教書，也在全校教書

校長和老師在放學後會進行大人們的「夕圈」，秉持「我們在全校教書，而不是在班級上教書」，陳珮樺提到：「我們可以在辦公室裡一起談所有的孩子，教學不是老師的個人責任，教學和教學間也需要溝通與交流，學校需要有一致性的做法。」拯民15位老師，七成來自TFT計畫（Teach For Taiwan為台灣而教），多元背景的人才培

將圖書館命名為「玉山圖書館」，孩子們翻閱書頁、攀登閱讀的山。

訓後投入偏鄉教育現場，年輕有活力的老師們，以自己的亮點影響孩子發展亮點，他們的堅毅與熱情來自於真心喜歡看見孩子的轉變。

三年多來專注投入建立教學氛圍與學校文化，吸引了認同品格教育理念的家庭就讀，從虎尾、斗六、麥寮等地每天往返，在地學生僅佔十分之一，林郁杏希望社區的孩子有天都能選擇拯民。而學校與在地社區的連結正剛起步，除每週五低年級有眷村文化相關的課程，校長和老師放學後開始到北溪里「社區跑跑」，跑過玉米田、花生田、阿公阿嬤的菜園，遇到人就要打招呼：「哩賀！我們是拯民國小的老師！」任務還包括每趟至少認識三位老人家，龍安宮的廟公發財伯、吉伯和阿滿姨……已在學期末成果展的邀請名單上。

學校活動多多，也舉辦KIST Family家庭日、新生家長品格營、跨校單車、攀登百岳……創造了活動，也創造老師和孩子、家長間的溝通機會，「溝通」在拯民是件重要的事，不再侷限舊有框架來教養孩子，從翻轉與思辨中面向未來，讓孩子和大人都能成為喜歡的自己。

1 放學前，以班級為單位的「夕圈」不一定在教室裡進行。 **2** 每班教室外，都有一面由導師寫上正向語言的小黑板。

親愛的柏瑋

再次憶起你的來信，是今天傍晚，騎機車在台北街頭，寒風刺手，煙雨迷濛，那時腦中想的是，台北潮濕的冬天，跟你信裡五彩繽紛的中海拔，實在沾不上邊呀。

當我騎經一座山丘邊，突然聽到台北樹蛙的低鳴，他們不等日落就開始鳴唱了。12月開始，台北樹蛙低沉的鳴聲，就是冬夜郊山最主要的配樂，獨唱持續到春天，其他蛙類才會開啟新的樂章。台北樹蛙之所以偏愛冬季，我想是因為季風的關係，綜觀其分布最南只到南投，大約也就是冬雨的最南界。冬雨落下時節，雄蛙會在淤泥中挖出洞穴，在洞中鳴叫求偶。當雨水滲入後，洞穴就成為適合產卵的小泥池，寒冷加上洞穴，應該都是減少天敵侵擾的手段。

第一次認出台北樹蛙的叫聲，是某個快過年的日子，在國小校園附近的山溝。那時外掃區的同學盛傳在水溝裡曾發現綠色的青蛙，當時的我連褐色的蛙都很少找到，當他們是吹牛。但那次真的在溝裡淤泥中，循聲挖掘到一隻藍綠色的樹蛙，才知道傳言不假。

其實在水泥溝以外的地方，冬天的台北樹蛙是非常難找的。在充滿雜草落葉的野地要循聲找到牠們，得撥開重重阻礙，而一旦開始挖土，牠們就不叫了。再加上，土中的蛙體色近乎墨綠，跟夏天在葉片上能見到的翠綠色截然不同，黯淡的顏色又增加了尋找的難度。我曾在森林下耐心挖了一早上，才總算在大約十幾公分的土中找到小小的雄蛙，比起牠的體長，這是相當深的地底，若不是鬆軟的森林土壤，外加雨水滋潤，嬌弱的樹蛙大概很難挖到這麼深吧。

FROM
瀚嶢
新北．新店

黃瀚嶢
生長於台北，在城市間隙發現觀察野地的樂趣，從此流連忘返。森林系畢業後，從事生態圖文創作與環境教育，經營粉專「斑光工作室」，靠著偶爾路過的靈光努力生存。

水溝中的蛙好找多了，牠們突破不了混凝土，頂多躲藏在落葉堆下方，撥開就能看見。然而難以挖洞似乎並不減少樹蛙對水溝的喜愛，研究指出，許多蛙類其實偏好在水溝求偶，這是因為聲音在水溝裡會因共鳴而放大，這大概跟在浴室唱歌比較好聽，是同樣道理。

去年，我家旁邊的公園水池以生態工法的名義翻修一輪，工程結束後，只見水池邊初種的植栽還零零落落，原先池上的石橋漆成詭異的白色，慣性使然，正當我準備感嘆又一個罐頭工程的時候，池邊卻響起了台北樹蛙的鳴叫。我忽然警覺，或許視覺表象就只是表象，這工程畢竟被台北樹蛙驗收過了，也許仍是值得期待的——正如灰色的台北，灰色的冬天。

春天也快要到了，蟄伏多時，有空再一起去野外走走吧，跟帶隊無關那種。

台北樹蛙

Zhangixalus taipeianus

台北樹蛙是仰賴冬雨
繁殖的動物，會自己挖洞創
造小小的水池，以及利於放
大鳴叫聲的結構。

親愛的瀚嶢

想當年我還住在長興街學生宿舍，一樣的台北冬夜和迷濛細雨，帶上雨傘及手電筒，踩著腳踏車往富陽公園移動，期待的便是與台北樹蛙相遇。通常還沒走近生態池，陣陣蛙鳴早已傳來，直到靠近池邊，想像中滿坑滿谷樹蛙的景象卻從未實現，只能望向池畔一方泥濘，靠想像力填補無法親見台北樹蛙的遺憾。讀完你的信，總算滿足了當時的好奇與猜想。

冬季濕冷的雨天，同時讓我想起在苗栗農工實習那段日子。數年前，在我準備離開台北、去往苗栗前，從士緯學長口中得知一種具有苗栗特色的蛾類，叫做「四黑目天蠶蛾」，但牠一年一世代，要等冬天才有機會看到，我把這件事放在心上，便開始實習老師的新生活。半年後，那波震撼東亞的霸王寒流剛走，我在宿舍外牆發現一隻濕透的天蠶蛾成蟲，顯然剛羽化便遭逢冬雨淋遍全身，暫時降落休息。這是我第一次見到四黑目天蠶蛾，翅膀上的花紋像是宣紙上暈開的水墨，有種低調耐看的美感。

寒假結束後，我向科主任提及四黑目天蠶蛾的事，意料外地，主任露出饒富意味的笑容。原來家住大湖的主任，成長於風行養蠶的年代，對蠶事有極深刻的印象。主任說起小時候自己家裡養蠶的經驗，如何在大量飼養的前提下做好照顧、換食草、清潔、取絲等工作，或是藉由灑菌來收穫僵蠶，都讓我聽得津津有味。

只是，絲線來源通常取自白嫩的家蠶，怎會跟四黑目天蠶蛾有關係呢？主任說，家蠶因生活週期短且易於飼養，確實是主要經濟物種，但還是有其他種類的蠶蛾因不同需求而被小量飼養，比如主要

FROM
柏璋
新竹．新竹市

陳柏璋

熱愛山、攝影與書寫的野外咖，時常帶著相機與紙筆，在野地裡打滾整天。目前與一群好夥伴共創森之形自然教育團隊，試圖在人們心中埋下野性的種子。

四黑目天蠶蛾

Saturnia pyretorum

取食楓香而被俗稱為「楓蠶」的四黑目天蠶蛾，牠的絲線較粗壯，適合製作釣線、漁網，甚至琴弦。

當年3月，我和主任一起來到雪霸的汶水遊客中心，草坪上幾棵楓香是四黑目天蠶蛾的著名棲息點，此時恰逢楓香展露新葉與花芽，同時也是年初那批產下的卵準備孵化的時間點。果然在一片缺刻的葉背，發現幾隻小毛蟲正啃食葉片最嫩的邊緣。

當時身為森林科的老師，一直思考將四黑目天蠶蛾帶入班級飼養的可能性。主要原因是，牠是與地方產業緊密連結的生物，透過飼養認識與課程引導，或許有機會讓孩子們連結長輩過往的生命記憶，以及認識地方文化。後來，我還真帶回一些幼蟲給森林科三個年級的孩子們飼養，大家各有收穫，這又是另一段故事了，還是有機會再說吧。

寫到這裡，我打算最近再到大湖走走，順道去雪霸串門子，你要不要一起來呀？

四黑目天蠶蛾幼蟲
身上的花紋格外醒目，
但又可以跟楓香嫩葉的青綠
融為一體。

乘著腔調的風，來聽台語歌

鄭順聰
作品有詩集《時刻表》、《黑白片中要大笑》，散文《海邊有夠熱情》、《基隆的氣味》、《台語好日子》，小說《家工廠》、《晃遊地》、《大士爺厚火氣》，繪本《仙化伯的烏金人生》。

插畫—Hui

「人若問，你佮我兩人，到底啥關係？」

這首〈媽媽歌星〉，唱出台灣史上最著名的口白，為何要哼起這首台語歌呢？每每談起台語腔調，總是會被問：**人若問，台語優勢腔，到底是啥物？**

一被問，我隨即機關槍般解釋：優勢腔，又稱普通腔，就是在台灣島上通行的台語腔調，會隨著時代而改變特性。說到現下的台語優勢腔，主要以漳州腔的聲韻與變調為主，混融部分泉州腔……。

這時我通常會反問對方：「你雞說ke，或者是kue？」ke比較常聽到，kue多卡了一個u，通行度不若ke。隨即來個猝不及防，再問：「你是優勢腔的豬（ti），或者是豬（tu）？」通常對方不是滿臉驚訝，就是猛搖頭，若是豬朋狗友就會回我#%$*……哎啊！說那麼多都聽不懂，索性一句話打死，「就是你聽的台語流行歌啦！」

西部海口吹來的風

科學實驗中，若要找出事物的特質，對照組是好方法。同樣的，要顯現腔調的特質，最好拿優勢腔來比較。先聲明，這是不精準也不

符合學術精確性的方法，為解說方便，才出此下策。

談台語歌的特殊腔調，最常被舉的例子，無疑就是傳唱度最高，人人都會唱的〈歡喜就好〉。

仔細聽，當這首輕鬆諧趣的歌來到最後的第三節，陳雷唱「人生短短，好親像咧迌迌」，其短（tér）相較於慣常說的短（té），舌頭要稍微縮一下。下一句「問我到底，腹內有啥法寶」，底（teré）也要舌頭內縮，跟優勢腔的底（té）殊異，也不是常有人說的底（tué）。

陳雷是彰化大城鄉西港村人，此地靠海，一般會被歸類為海口腔。但海口腔是浮泛的觀念，差異其實很大。此時，就要搬出洪惟仁教授的巨著《台灣語言地圖集》，經過比對，陳雷的腔調歸類於「彰化同安腔片」。

以上參考「活水來冊房」推測，最好最好，親口問陳雷才準啦！說句不好意思的，陳雷曾光臨筆者嘉義老家，當時被風聞而至的親友鄰居簇擁合照都來不及了，根本沒時間討論語言問題……

蘭陽平原吹拂的風

再來，乘著台語歌的腔調風，從彰化往北繞過台灣頭，來到蘭陽平原。

談起宜蘭腔，著名口訣是「**食飯配滷卵**」，優勢腔的「飯」，pn̄g說成puīnn，卵（nn̄g）則說nuī，姓氏的黃（n̂g）稱呼uînn，

其韻母的特質是：**ng → uinn**

此時，就要請出台灣RAP始祖劉福助大師，有首名曲〈宜蘭腔〉，依照以上的發音規律，選優勢腔有ng的字當韻腳，全部唱成uinn，講一段有趣的鄉間故事，實在是tsìn趣味。

然而，已有許多專家指出，宜蘭腔非所有的ng都會發音uinn，劉福助的〈宜蘭腔〉只能當作趣味歌，非宜蘭腔的實況。是以，我更推薦新生代的民謠歌手楊肅浩，於學校執教國文的他，還不滿30歲。首張全台語專輯《噶瑪蘭的風吹》，源自對故鄉蘭陽的深情，關懷生態與歷史，對歌詞與發音更是講究。

不似大多數歌手改易為優勢腔，楊肅浩唱自己的宜蘭腔，請仔細聽其充滿批判意識的〈賣田歌〉，講大自然被侵奪，環境遭到破壞，優勢腔的園（hn̂g）他唱huînn：**田園（huînn）恬恬毋講話**。

海口茄萣的風貼上來

腔調的風繼續吹，往南滑過花東繞過恆春半島來南部，來到分隔高雄與台南的二仁溪沿岸，有位傳奇歌手郭一男，以盈溢鄉土味的旋律，唱出最為在地的氣味。

網路流傳神曲〈古錐的台灣話〉，字幕上標示「紅字唱關廟腔」，也就是先前專欄談過的，關

廟歸仁一帶的台語，聲母tsh會發音為s。歌曲在夏威夷吉他慵懶逗趣的伴奏下，敘述遇到賣鳳梨的關廟小姐，講話臭（sàu）奶呆，講一粒七（sit）箍七（sit）、閣欲

炒（sá）青菜、炒翁婿（紅菜發音àng-tshài諧音為ang-sài）……因方音落差導致雞同鴨講，種種誤會滋生語言趣味。

郭一男之所以被稱為神人，乃因〈古錐的台灣話〉不只談一種腔調，還順著二仁溪唱到出海口的茄萣，在地人講台語總帶尾音tah。於是跟海產攤的小姐打招呼，優勢腔「來啦！好啦！入來坐！」，茄萣腔是這麼說的：**來tah！好tah！入來tah！**

不只盈溢趣味，不只領略腔調特質，更要說到做到。以後去KTV唱歌，就讓陳雷的腔調降駕，人生短短（tér-tér），唱歌啊，不只歡喜，還要揚起腔調的風啦！

五湖四海的原鄉印記

賴進貴
台灣大學地理系教授，專注地圖與地理資訊研究。出生於台北劍潭，成長於台北東區，見證台北都市變遷發展，積極推廣生活化地理，投入教科書研發，且為教育部課綱訂定委員。

插畫—エU

小時候父親告訴我們，祖先來自於泉州府同安縣，年幼的我聽過並沒有特別感覺。近年來接觸地名及語言地理，了解泉州和漳州區隔，發現劍潭老家屬於泉州腔優勢區，也才知道父親說的並沒錯。除了語言可以顯示原鄉，地名也是重要線索。

從數字看見原鄉眷念

台灣漢人移民主要為來自福建（閩）和廣東（粵）的閩南人和客家人，其中閩南移民人數眾多，又可分為泉州裔和漳州裔。清朝治理台灣時並沒有相關調查，無從了解移民的原所在。直到１９０１年，日本政府進行所謂的「關於本島發達沿革調查」，針對台灣人的族群和祖籍進行普查；這項調查結果顯示當時全台總人口2,686,356人，其中以泉州裔移住民1,198,591，佔總數44．62％；漳州裔移住民1,028,051（38．27％）；廣東有376,329（14．01％），其餘為原住民和少數其他省分移民。

這份調查也顯示當時全台人口分布在８０００個村落。台中教育大學許世融老師針對這些村落名字一一分析，從中發現有１５４個村落名是源自於原鄉的地名。其中，源自於福建的有84個、廣東有64個，源自於福建的原鄉地名略多於廣東，然而依上述的普查資料顯示，來自福建（漳、泉）移民約為廣東的六倍，因此就比例而言，來自於廣東的移民帶來較多的原鄉地名，意味著當地移民對於原鄉有更多眷念。

泉州移民人數最多也最早，因此目前留下的原鄉地名也最多，在地名資訊服務網顯示，含有「泉州」的聚落地名就高達20個，其他如：同安、安溪、安平、東石、南安等，也都是源自於泉州府轄下的地名。漳州移民人數次之，帶來南靖、漳州、平和、詔安、海澄、長泰等地名。源自於廣東的地名則有鎮平、梅州、饒平、惠來、陸豐、海豐等。全台原鄉地名前幾名包括：泉州（20個）、大埔、海豐（19個）、潮州（6個）、南靖（8個）等，其中「大埔」的聚落地名非常多，但也可能意指廣大的平原，必須更多考證才得以判斷是否源自於原鄉。

情之深，鬥之狠

原鄉地名的分布，也反映出移民祖籍的分布。閩南移民來台時間較早，移民人數多，分布空間也較

廣。泉州人的原鄉近海，商業貿易發達，民眾習於從事漁、鹽業；台灣開發初期的主要聚落，如安平、鹿港，乃至台北的萬華、大稻埕幾乎都是泉州人的天下，也留下許多來自泉州的地名。

相對而言，漳州來台移民較多從事農墾，分布較為內陸的地區。以北部而言，沿著淡水河岸的台北盆地多為泉州人，早期的萬華到後期的大稻埕（迪化街），都是泉州移民開闢的。周遭的桃園、宜蘭、東北海岸地區，則多為漳州移民。從漳泉地名的分布大致可呈現漳州移民分布，但兩個族群原本就有混居情形，所以地名分布並沒有壁壘分明的分界。

相對而言，客家移民人數較少，分散各地的移民常在閩粵械鬥之後被驅離，或者被周遭閩南移民同化，後來逐漸形成在桃竹苗丘陵、和南部高屏內陸地的群聚。然而如果對照地名，會發現中部平原地帶還保留許多客家原鄉地名或具有客家意涵的地名，顯示當地早年也有許多客家移民。

整體而言，台灣中部地區的彰化、台中、雲林等地的原鄉地名數量最多，顯示當地早年居民的原鄉情節特別濃厚。值得一提的是，早年台灣有許多族群之間的械鬥，不只閩粵械鬥，同屬閩南的漳泉也械鬥，而同屬泉州的同安人和三邑人更有械鬥。台灣中部是族群械鬥最密集的地方，也是原鄉地名最多的地方，兩者的關連頗值得玩味。

廟宇中的神祇線索

台灣的宗教信仰普遍，移民和原鄉的連結也常常反映在廟宇，幾乎每個傳統村落都有村廟，而村廟主神常為原鄉信仰。台北著名的保生大帝是泉州同安移民奉祀的神祇，清水祖師為安溪系所奉祀；相對地，開漳聖王為漳州系所奉祀，三官大帝為漳州系及潮州系共同祭拜；三山國王則為廣東潮州系所奉祀。

電視及媒體的普及造成語言融合，漳泉口音區隔不再，客家和閩南也和樂共處，年輕世代可能不知道自己的祖先來源。原鄉地名、老家廳堂上的堂號、廟宇的文字紀錄，都可能保留先人遷移故事。

春節團聚閒談、到廟宇進香時，或許是認識家族歷史和祖先來源的好時機。

富岡海岸的神祕顛倒之謎

蓋瑞
規矩遊走於地質與藝文之間的旅人，「Geostory聽聽地球怎麼說」科普平台共同創辦人之一，沉醉於探索地球科學的本質。現居清幽的山區小鎮，不斷以書寫向外界傳遞科普知識。

我時常會假想：當一個人被蒙眼帶到台灣某個角落，是否能在看見景色的當下就認出自己身在何處？

其實只要仔細觀看，會發現因為所在地緯度與高度、當地氣候、地質特性乃至植被種類與分布，讓每個地方天生都有屬於自己的亮度、對比、彩度、色調、質感……構成當地獨特的景致。當然，有些地方會與早已知名的場域存有某種相似性，人們習慣以第一次見到的場域為名，另起「小」字，多少代表起名者對前一塊場域的回憶或思念。

若是這麼說，台東似乎就成了一塊特別充滿思念的土地，因為光是在台東，就有三個著名的「小」景點——小野柳、小黃山、小富士山。遊覽這些景點，除了能將思念投射到台灣北部外，還能跨海飛到中國與日本，乍聽起來有點浪漫，但對在地人來說不一定是件愉快的事。

這種感覺，或許就像時常被周遭的人評論你長得像誰、做事手法像誰、呈現出的東西像誰……聽久了總會有些厭煩，畢竟很少人會甘於永遠只能是別人的影子。這也是為何近期，小野柳一帶居民開始倡議，不再讓自己淪為「小」，而決定以富岡為名、翻轉在地意象。

看見地殼翻滾大歷史

在地反骨的個性源於腳下這塊土地。這片以「小野柳」著名的富岡海岸，由不同粒徑的砂岩夾薄頁岩構成，其上覆有3000～4000年前形成的珊瑚礁，岩石之間軟硬差異在長時間受海浪與海風侵蝕下，雕刻出各種奇特形貌，讓人容易與北海岸的野柳聯想在一起。然而，若只是這樣將海岸景觀看過去，會澈底錯過此地真正迷人的地質特色。

「魔鬼藏在細節裡」，而細節就在砂岩層的紋路之中。一般的砂岩若是在平靜的水域中沉積成岩，會一層一層堆疊形成無數條相互平行的線理，這稱為「層理」；流水底部形成的沉積岩，則能堆疊出稱為「交錯層」的相互交錯紋路。沉積岩的紋路就像指紋一般，能透露出它過往的身世。

富岡砂岩的紋路更加特殊與複雜，平行的與交錯的紋路可同時出現在同一個岩層中，但細細拆解又能看到紋路中的規律性：交錯紋路的外側總會搭著平行的紋路，再往外，一邊由細粒的泥層堆疊，另一邊則為包裹粗粒物質的沉積層，粗粒物質甚至又依顆粒大小分層排序。這是濁流岩典型的「波馬序列」特徵，透露富岡砂岩曾為海底山崩的產物，與野柳砂岩的成因大相徑庭。更有趣的是，科學家

發現，這裡的波馬序列是顛倒的，意味著整片富岡海岸是一個「倒頭栽」的海岸，這怎麼發生的？

這個顛倒海岸之謎，得用更大的空間尺度才能解釋。其實，連同富岡海岸以西內陸，俗稱利吉惡地的泥岩區，是歐亞板塊與菲律賓海板塊之間相互擠壓下的產物。原本沉積在海面下的岩層，像是遇到堆土機一般，被隱沒中的板塊逐漸刮鏟起來。出露地表的泥質岩石易受風化侵蝕、植物也不易札根生長，而構成「惡地」地形，外表乍看與台灣西南惡地相似，但利吉惡地總會夾有岩性與泥岩基質完全不同的岩石。這些俗稱「外來岩塊」的岩石，也是板塊隱沒過程中，一同被刮削上來海床表面、甚至是海床底下更深處的地殼物質。

惡地裡的外來岩塊大小不一，小可如拳頭一般，大則能如汽車、透天厝、甚至更大。富岡的神秘顛倒海岸，從更高處、更大空間尺度檢視，其實也是一個卡在台東海岸的超巨大岩塊，在板塊隱沒、刮削過程中可能歷經了數次的翻滾，最終才停泊在東海岸，靜靜的受太平洋的浪拍打。很難想像這需要多大的地質力量才能造就如此景觀。

外來人事物終究成在地

富岡海岸的地質特色，對比富岡居民想要翻轉的行為意識下，產生了極為奇妙的反差——在地人的土地認同，是源於承認腳下土地的外來性。「越外來、越在地」，我忍不住為這個地方下此註解。不只是土地，這裡的族群與文化也具有外來性，像是當地的富岡新村、及村里的海神廟，彰顯出這裡容納大陳義胞的遷移歷史，同時也保留台灣少有北方海域的如意娘娘信仰。

雖說如此，曾經「外來」的人事物，駐紮於一個地方久了，也終究會成為「在地」的。就像曾經活潑的巨石安靜下來，與陸地及海洋祥和共存；移地而來的人與文化，終究會與土地複雜交融，建構出這片海岸的與眾不同。

富岡海岸砂岩。

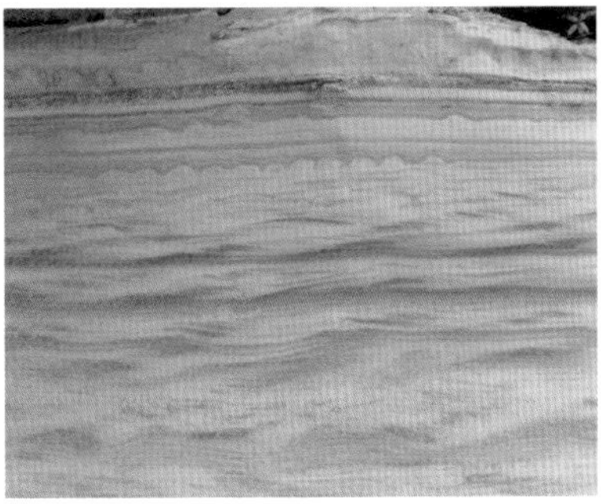

顛倒的沉積層序。

保存石頭屋文化運動

在台灣島東北角海岸，曾有許多石頭屋，隨著時代變遷，多數石頭屋或是改建，或是隨著聚落沒落而逐漸頹圮。如今，石頭屋保存數量最多的聚落在島嶼的極東角——三貂角。

三貂角周邊的聚落包括馬崗、卯澳、萊萊及尖山，其中規模較大的是馬崗與卯澳，目前各約有20棟以上的石頭屋，以及在台灣本島已幾乎無法看到、用來防止海浪衝擊的防浪牆。

因應地質特色而修築的石頭屋和防浪牆，有些是以切割工整的砂岩搭配平行砌法砌成，有些則以海邊礫石、咾咕石和砂岩碎塊堆砌，

陳仲宇

正職教育工作者，兼職文史工作者。投入反對不當開發及地方創生工作，而成為「守護極東」團隊成員、「三貂角文化發展協會」志工，希望海女與石頭屋長存、發揚。

或混合兩種技法砌成。前不久，一群台北市的高中地科老師來馬崗走讀，拿起地質學的專業放大鏡仔細檢視石頭屋，還觀察到用來黏著石頭的海砂中有許多貝殼化石。

石頭屋不怕帶有鹽分的海風，遠勝鋼筋水泥建築，是古老先民的智慧，也是台灣重要的文化資產；超過一公尺寬的防浪牆，則用以抵擋巨浪捲來的石塊及木材，百年來守護著聚落。炎炎夏日，寬闊的牆頂成為聚落住民的睡床，是難得的生活體驗。

走進馬崗與卯澳，走在迂迴小巷中、登上防浪牆，聽當地長輩講起他們的童年故事，是一段非常特別的體驗。

如今許多居民體會到石頭屋的珍貴價值，紛紛著手進行保存。像是卯澳的謝家與馬崗的吳家，冒著破壞房屋結構的危險，將水泥外牆刨除、恢復石頭屋原貌；還有兩間石頭屋已被登錄為新北市歷史建築，另外有兩間石頭屋則正在進行文化資產審議程序。

近一年來，除了復建保存石頭屋之外，三貂角也舉辦了許多導覽活動，帶領遊客走入聚落。其中最有特色的是海女導覽活動，在地的海女阿姨穿起她們下海工作的衣著、拿起特殊工具，帶領遊客到潮間帶，並一路分享自己日常的生活經驗。我們希望讓受過專業訓練的生態解說員和海女阿姨搭配，將在地人文記憶與專業海洋知識融合，

提供遊客豐富完整的觀光體驗。

三貂角的在地意識正在形塑中，越來越多人重視傳統文化，嘗試與現代產業結合，讓離鄉遊子能回到家鄉扎根，也讓土地的價值不只是炒作投資或工商用途開發。

獻給富岡人的時尚攝影

1929年富岡車站設立，便利的交通使得富岡地區繁華一時，商業興盛；以車站為核心擴散開來，站前的中正路、鄰街的信義街，有著眾多歷史悠久的店家如雜貨店、中藥行、飲食店等，店主年齡動輒70、80歲以上。

這些老店面臨著無人繼承、勞累減班的情況，然而問到他們預計何時要退休時，所有人的回答彷彿彼此串通好一般，都答道：「除非身體不行了，不然會一直開下去啦！」

「開店」已經內化成老富岡人的生活習慣，這群見證過富岡繁華的地方長輩，是重要的公共人物，

許秀瑜

台中生長製造，現定居於桃園，目前為「富富．小山岡」創生基地駐點人員。喜歡富岡的慢活步調，不過最近對當地因位處台地地形而造成的大風，覺得有點困擾。

至今仍堅持著每天開門營業；賺錢早已不是他們的首要目標，等待著街坊鄰居來到店裡，大家一起串門子，相互陪伴，這才是真正重要的開店意義。對應到街坊生活的社會結構，除了街區、建築、公共設施外，街坊上的公共人物，比如店主或是攤販，他們也是構成公共空間的基本成員之一，於是我們希望能夠透過街上店家老闆的公眾性，為富岡注入新氣象。

去年10月時，我們策畫了「富岡人物」造型誌攝影計畫，邀請街上六位店家老闆們來到在地的仙麗理髮店：高齡80多歲的「裕福商店」黃媽媽、喜歡來找我們話家常的「合興五金行」詹阿姨、嬌小可愛的「伯公小吃」呂老闆娘、帥氣灑脫的「東光香鋪」呂老闆、地方百年老店「信義飲食店」陳老闆娘、30多歲的富岡青年回鄉代表「錦美豆花」陳老闆，以及住在仙麗理髮店附近的老闆娘酒友胡姨婆。我們找來時尚設計師與仙麗老闆娘合作，攜手改造這幾位富岡居民，替大家打造出時尚又復古的全新樣貌。

畫上五彩繽紛的妝容，戴上厚重的假髮，穿上自己不曾穿過的前衛服裝，幾位老闆們驚呼聲及讚美聲連連，訝異於彼此的嶄新樣貌，覺得好玩又好笑。這幾位本來只是相識但不相熟的公共人物，藉由這次的攝影串聯起之間的情感，現場充斥著「當靚！當靚！」（dongˇjiang、，客語的漂亮之意）的歡呼聲。

其實只要有機會，富岡人都極為樂意嘗試新事物；這個乍看之下寧靜的小鎮，居民依舊生氣蓬勃、不畏嘗試。而老闆們幾句「為了富岡，犧牲一下有什麼關係！」、「年輕人想做，我們就幫他們！」這些簡單的鼓舞，給了我們莫大的勇氣，也圓滿了這次攝影計畫。

我們將這些照片集結成一本「富岡人物」造型小誌，看到裡頭老闆們熟悉卻又陌生的模樣，讓富岡居民重新認識了老友的新樣貌，之後我們陸續收到其他富岡朋友詢問：「什麼時候會再拍下一期？我也要參加！」富富小山岡的地方擾動計畫持續推進，期待挖掘出更多富岡的新樣貌。

是主人也是客人的節慶活動

吳宗澤

台南製造，扎根埔里，為「籃城好生活」和「穀笠合作社」共同創辦人，現任「南投縣大埔里文創協會」理事長。以農村中的組織工作者自居，擅長總結大家的想法和化成行動。

傳統節日能有新的意涵嗎？我們從2016年開始，連續四年，於每年冬至前夕舉辦「冬至圓」慶典活動，不只是民俗意義上的「團聚吃湯圓」、「冬至大過年」，更是屬於在地社群和社區共榮的時刻。

近年有許多人選擇移居到鄉村，尋求不一樣的生活方式，也願意支持永續環境的理念。但初來乍到，常缺乏在地的人際網絡，其實需要關心陪伴，穀笠合作社很願意扮演提供在地人脈和資源的角色，無論租屋、租地、推廣友善店家等，漸漸凝聚一群喜愛埔里生活的人們，彼此互相協力新的移居社群更融入在地。

藉由「冬至圓」活動，以傳統三合院為背景，籃城社區的百年武館「集英館」，以舞獅和武術躍上舞台拉開序幕，接著由素人組成的「草根劇團」，成員都是農民、廚師、老師等在地斜槓青年，透過訪談社區長輩，將埔里紅甘蔗和當代農村生活，結合成「甘蔗人生」的故事劇本，將居民熟悉的故事重新展演出來；年輕人站在舞台上，觸及靠甘蔗致富的人生和子孫離鄉背井的真實情境，現場的民眾跟著戲劇節奏，不時發出笑聲，又時而頷首。最後剖甘蔗的瞬間，以「我的人生真像這支甘蔗」作結，留給現場民眾各自解讀。

當晚現場，由在地店家細心準備手工湯圓、紅棗薑湯、黑芝麻燕麥飲，都是社群夥伴的實力展現，讓現場參與者，人人都長一歲。對社區長輩來說，冬至圓的意義也許是吃湯圓、看熱鬧，但對穀笠合作社來說不只是如此。

活動開場時，主持人即說：「這個活動是為自己而辦，所以在場的各位，你們既是主人，也是客人，請好好放鬆、享受」，正如同活動籌備過程，皆是建立在社群夥伴的相互協助，假如沒有社群的協力就無法辦成。因此，這是一個辦給自己享受的節慶活動，互相合作的過程必定有辛苦付出、有衝突、有摩擦，但也培養出合作的默契，能走得更遠。

如同當晚的尾聲壓軸活動「四顆甜湯圓」的素人樂隊演出，僅花了少許時間排練，卻以很放鬆的方式，將每首歌連結自己的生命故事，一一唱出，台下的聽眾也跟著一起唱，一時之間分不清誰才是主角，原來在這個時刻中，我們都是發亮的微光。

那樣的火，那樣的家

Apyang Imiq

太魯閣族，支亞干部落族人，現職花蓮縣萬榮鄉西林社區發展協會專案管理。喜歡寫字，得過數次文學獎，現階段兩個最大的目標，是好好經營夫夫人生和出書。

早上8點半，氣溫12度C，Payi Naci嚼著檳榔走進文健站，紅色的嘴巴裂開來：「Apyang, usa tahut hug（去升火好嗎）？」

因為文健站正在整修，我們臨時租借一處平日在外工作的家戶，對這個空間還不太熟悉的我，身體卻很自然地往房子的側邊走，果然有一處烤火房；屋頂低矮，空心磚疊出不到胸脯的矮牆，上面鋪設輕鋼架鐵皮。

火爐在空間正中央，是房子的核心，底部水泥黏接紅磚，砌出四角形的空間，上面放著輪胎鋼圈焊出的圓形烤火爐，數片全新烤肉網不規則地壓在最上方，旁邊散落各

種樣式的椅子，高高低低，燒過的木灰夾雜幾根菸屁股，火燒完了，人離開了，話卻留下來。

烤火，是部落日常，是一種情感凝聚，也是社交和八卦場合。平時夜晚，即使家家點燈，不見得有人靠近，但只要在門口放上火爐，安裝竹子和木材，火焰劈里啪啦燒出白煙，像派對邀請卡，人不請自來，停在火邊久久不願離開。

Rqda，三顆石頭，三種象徵，父親、母親和孩子，一個家。

小的時候，我們家隔壁一間傳統竹屋，裡面就有典型的太魯閣族火爐——rqda，三塊石頭高高聳立，石身一半埋在土裡，另一半像簇擁相望的山頂，浮出地表，支撐大鍋，支撐烤肉網，支撐情感的流動和一個家。

三不五時，爸爸帶著我們在裡面烤火或是煮「傳統」食材，定義為傳統是相對概念，竹筒飯、芋頭糕、香蕉糕、糯米糕，山產湯……總要柴火慢慢熬煮，瓦斯也辦得到，只是消耗新台幣又缺乏氣氛，老人家總要柴火煮，「柴燒比較好吃」、「kika pusu bi rudan（那才是原來的老人家）」。

那才是原來的老人家，烤火和其延伸出來的各式火爐工法、食物以及烹飪方式，聊天和被聊天，共食及用餐等等，根深蒂固地烙印在支亞干，既傳統又現代，既懷舊又創新。

去年冬天，我、室友及弟弟老是圍繞在前院的火爐聊天，啜一口酒，心想用衛生紙團淋澆沙拉油作火種，跟弟弟去山上鋸的九芎樹，還有雙手抬高，斧頭狠狠重擊木頭，急遽起伏脹出的胸肌，汗流浹背。那樣的火，總帶我回到那間竹屋，白煙飄出牆縫在呼吸，弟弟把筆電帶到火邊，脫掉襪子說：「好熱喔。」

地味手帖【04】

繼承家業

——新時代的返鄉傳承路

主編 —————— 董淨瑋
編輯顧問 —————— 林承毅
封面設計 —————— 廖韡
封面插畫 —————— 69
內頁設計 —————— D-3 Design

社長 —————— 郭重興
發行人暨出版總監 —————— 曾大福
出版 —————— 裏路文化有限公司
發行 —————— 遠足文化事業股份有限公司
地址 —————— 新北市新店區民權路108-3號8樓
電話 —————— 02-2218-1417
傳真 —————— 02-2218-8057
Email —————— service@bookrep.com.tw
客服專線 —————— 0800-221-029

法律顧問 —————— 華洋國際專利商標事務所 蘇文生律師
印刷 —————— 凱林彩印股份有限公司
初版 —————— 2021年2月
定價 —————— 380元

繼承家業：新時代的返鄉傳承路 / 董淨瑋主編. -- 初版. -- 新北市：裏路文化出版：遠足發行, 2021.02
面； 公分. -- (地味手帖；4)
ISBN 978-986-98980-4-1(平裝)
1. 社區發展 2. 產業發展 3. 創意 4. 文集
545.0933 110000290

【更正啟事】《地味手帖NO.03 秘密據點——地方工作者的地下事務所》P.40誤植小花畢業學校，正確名稱應為「台南藝術大學音像藝術管理研究所」。編輯部謹以此勘誤向受訪者與讀者致歉。